왜 페르시아
전쟁이
일어났을까?

교과서 속 역사 이야기, 법정에 서다

03
역사공화국
세계사법정

크세르크세스 vs 레오니다스

왜 페르시아 전쟁이 일어났을까?

글 박재영 · 그림 조진옥

|주|자음과모음

깊이 있고 풍부한 내용을 재미있는 형식에 담아내다.
부모님과 함께 읽는 페르시아 전쟁 당사자들의 법정 공방!

이 책은 마치 페르시아 전쟁에 관한 한 편의 논문을 청소년들을 위해 알기 쉽고 재미있게 풀이한 해설서와 같다. 특히 내용이 서구 중심주의적인 역사 서술에서 벗어나 법정에서의 변론 형식으로 전개되고 있다. 따라서 글을 읽는 독자들은 지루해 하지 않으면서도 '다음 내용은 어떻게 전개될까?' 하는 호기심을 느낄 수 있다. 그런 점에서 이 책은 출판사의 기획 의도를 충실히 반영하고 있다. 아울러 저자는 이 책을 통해 페르시아 전쟁의 종결 시점에 대한 기존의 평가에 이의를 제기하고 있다. 만약 저자의 주장대로 페르시아 전쟁의 종결을 기원전 386년에 체결된 '대왕의 평화조약'까지로 본다면 앞으로 중등학교 역사교과서의 페르시아 전쟁 관련 서술도 달라져야 하지 않을까?

강택구(동국대학교 역사교육과 교수)

이 책은 청소년 대상의 교양서적임에도 불구하고 현재 논의되고 있는 학술 연구의 성과를 담고 있어 학생과 학부모가 함께 읽기에 적합하다. 특히 이 책은 페르시아 전쟁이라는 무게 있는 주제를 다루고 있음에도 불구하고 '극적 상황의 전개', '재치 있는 인물 설정과 작명', '공판에 대한 호기심 유발' 등으로 지루하지 않게 전개된다. 글은 법정에서 펼쳐지는 원고와 피고 간의 공방과 변론으로 이어지는데, 이러한 '사유 과정'에 중점을 둔 논리적인 서술은 최근 국내외 교육학 분야에서 강조하고 있는 청소년의 '창의성(Creativity)'과 '핵심 문제 해결 능력(Core competency)'을 증진하는 데에도 크게 기여할 것이다. 또한 저자는 이 전쟁을 소재로 한 영화 〈300〉에 나타난 인종주의와 문화우월주의를 비판적인 시각으로 서술하고 있어, 서구적 가치관이 낳은 무비판적인 역사 조망 방식에 경종을 울리고 있다.

김춘식(포항공과대학교 인문사회학부 연구교수)

페르시아 전쟁에 관한 가장 중요한 역사책은 헤로도토스의 『역사
(*Historia*)』입니다. '역사의 아버지'라 불리는 헤로도토스는 이 책에서
자신이 여행하면서 실제로 체험하고 수집한 20여 개 민족의 생활상
을 자세히 기록했지요. 여기에서 문제가 되는 것은 '페르시아 전쟁'
에 대한 역사적 해석입니다. 헤로도토스에서 시작하여 오늘날 서양
의 역사학자들에 이르기까지 페르시아 전쟁은 주로 '오리엔트 전제
주의에 대한 그리스 민주주의의 승리', '최초의 동서양 문명의 충돌',
'서구를 탄생시킨 최초의 전쟁' 등으로 해석되어 왔습니다.

하지만 이러한 해석에 대해 몇 가지 의문을 다음과 같이 제기할
수 있습니다.

첫째, 페르시아의 전제주의와 '키루스의 원통'으로 알려진 세계

최초의 인권선언문은 어떻게 모순되지 않게 설명될 수 있을까?

둘째, 고대 그리스 세계의 민주주의는 과연 개별 도시 국가(Polis) 들—예를 들면 아테네, 스파르타, 밀레투스, 코린트 등—에서 어떤 모습을 하고 있었으며, 공동체 구성원들(시민, 여성, 노예)이 누릴 수 있는 정치적·사회적 권리는 어디까지였을까?

셋째, 과연 '동양'과 '서양'이라는 개념이 페르시아 전쟁 당시 그리스 인과 페르시아 인에게 존재했을까?

넷째, 서양인들은 언제부터 자신을 '서구'로 인식하기 시작했을까? 등입니다.

저는 이 글을 쓰면서 한 가지 바람을 품었습니다. 여러분이 교과서나 교양 서적을 읽을 때, 머릿속에 책의 내용을 요약해 넣으려고만 하지 말고, 지금까지 우리가 당연시 여기던 사실을 다시 생각해 보는 기회를 가지는 것입니다. 페르시아 전쟁사는 위에 제기한 의문들뿐만 아니라 다시 생각해 볼 문제가 많은 주제입니다. 페르시아 전쟁을 제대로 이해하려면 보다 객관적이고 다양한 시각이 필요하지요.

페르시아 전쟁은 우리가 흔히 알듯이 그리스의 승리로 끝난 것이 아닙니다. 마라톤 전투, 살라미스 전투, 플라타이아이 전투 등 그리스가 승리한 몇몇 전투가 전쟁 전체를 규정하지는 않기 때문입니다. 중요한 점은 이 전쟁에서 테베를 비롯한 많은 도시 국가가 페르시아 측에 가담했으며, 전쟁 중에 아테네가 함락되고 아크로폴리스가 파괴되었다는 사실이지요.

저는 위와 같은 문제들에 대해 그리스를 중심으로 한 자료뿐만 아니라, 지금껏 소개가 미흡했던 페르시아 역사에 대한 자료도 균형 있게 담아 서술하고자 했습니다. 더욱 객관적인 입장에서 페르시아 전쟁의 원인과 전개 과정, 역사적 의의 등을 살피며, 지금까지 페르시아 역사를 바라보던 서구 중심주의적인 시각에서 탈피하고자 노력했지요.

마지막으로 역사와 영화를 사실과 이미지로 대비시켜 영상 매체들이 역사적 사실을 어떻게 왜곡하는지, 그리고 그것이 어떤 영향을 주었는지를 지적했습니다. 역사적 사실에 대한 해석이 역사가의 주관에 의해 왜곡되거나, 어느 한쪽의 입장만 강조될 수 있다는 점을 진지하게 고려할 수 있던 뜻 깊은 시간이었지요.

여러분도 이 책을 읽으면서 당연하게 여겼던 사실에 대해 의문을 제기하고 스스로 그에 대한 답을 찾아가는 뜻 깊은 시간을 갖기를 바랍니다.

박재영

오리엔트 세계에는 여러 국가가 번갈아 등장하고 민족 간의 전쟁이 자주 일어났다. 하지만 기원전 7세기 무렵 아시리아에 의해서, 기원전 6세기 무렵 페르시아에 의해 차례로 통일되었다.

중학교   역사

VII. 통일 제국의 등장
   3. 페르시아 제국의 성립과 문화의 발전
     (1) 서아시아를 통일한 페르시아

VII. 통일 제국의 등장
   3. 페르시아 제국의 성립과 문화의 발전
     (2) 페르시아의 문화

페르시아의 다리우스 1세는 지중해 연안 및 이집트와 메소포타미아 지방, 그리고 인도의 서북부에 이르는 대제국을 건설했다. 그는 넓은 영토를 다스리기 위해 주요 도시를 연결하는 도로를 만들고 각 지역을 다스리는 관리를 파견했다. 페르시아는 오리엔트 문명을 하나로 통합하고, 더욱 발전시켜 독자적인 문화를 건설했다.

페르시아의 왕, 키루스는 페르시아 전역을 장악했을 뿐 아니라 노련한 기병과 궁병을 앞세워 소아시아의 리디아와 메소포타미아의 바빌론을 정복했다. 특히 다리우스 1세는 페르시아 제국의 전성기를 이끌었던 왕으로 원정을 통해 영토 확장을 이루었다.

| 고등학교 | 세계사 | Ⅱ. 도시 문명의 성립과 지역 문화의 형성
1. 인류의 선사 시대와 오리엔트 세계의 발전
(4) 세계 제국, 페르시아 |

키루스와 다리우스의 통치 시기에 확립된 페르시아 제국의 통치 정책은 제국을 나누는 것에서 시작했다. 제국을 작은 속주인 사트라로 나누어 총독들에게 맡겨 통치하게 했다. 그 결과 페르시아 제국의 수도인 페르세폴리스에는 동서 각지에서 조공물을 바치는 사신들의 왕래가 끊이지 않았다.

기원전

3000년경 메소포타미아 문명과
이집트 문명 시작

2500년경 황허 문명과 인더스 문명 시작
수메르 인 쐐기 문자 사용

1800년경 함무라비 법전 편찬

1100년경 중국, 주 왕조 성립

850년경 그리스, 폴리스 형성

670년 아시리아, 오리엔트 통일

563년 석가모니 탄생

551년 공자 탄생

508년 로마, 공화정 실시

492년 다리우스 왕, 페르시아 전쟁 시작

490년 마라톤 전투에서 그리스 승리

431년 펠로폰네소스 전쟁 시작

기원전

5000년경	서울 암사동 유적 형성
4000년경	웅기 굴포리·서포항 유적 형성
3500년경	중기 신석기 문화 형성
2333년	단군, 고조선 건국
2000년경	후기 신석기 문화 형성
1122년	중국 은 왕조의 기자(箕子)가 고조선에 들어옴
	범금팔조(犯禁八條) 제정
1000년경	청동기 문화 시작
800년경	고조선의 수도를 왕검성에 정함
300년경	철기 문화 시작
	연나라의 고조선 침입
200년경	삼한 시대 시작
195년	위만, 고조선에 망명
194년	위만 왕조 성립
109년	한 무제, 고조선 침략
108년	고조선 멸망, 한4군 설치

<u>원고</u> **크세르크세스**(기원전 519년~기원전 465년,

재위 기간 : 기원전 486년~기원전 465년)

나는 다리우스 1세의 아들이자, 페르시아 제국 제4대 왕인 크세르크세스라고 하오. 기원전 483년, 제3차 그리스 원정에 나섰으며 기원전 480년 테르모필레 전투에서 스파르타 군을 격파했지.

<u>원고 측 변호사</u> **김딴지**

나는 딴죽걸기의 명수라고 불리는 변호사 김딴지입니다. 그렇다고 막무가내로 딴죽을 거는 건 아니랍니다. 상대의 허무맹랑한 주장에 주로 사용하지요. 나는 역사에 대한 해박한 지식을 바탕으로 잘못된 역사를 바로잡는 데 모든 힘을 쏟는 변호사입니다.

원고 측 증인 다리우스 1세

캄비세스 2세의 뒤를 이어 페르시아 제국의 왕이 된 나는, 역전제와 사트라프 제도를 시행하여 페르시아 제국의 중앙 집권화를 이뤘다는 평을 듣는다오. 또한 기원전 492년과 기원전 490년, 두 번에 걸쳐 그리스 원정을 시도했다오.

원고 측 증인 마르도니우스

다리우스 1세의 조카이자 사위인 나, 마르도니우스 는 페르시아의 유능한 장군이었지요. 다리우스 1세 의 명을 받아 아테네에 원정했으나 풍랑을 만나 돌아 올 수밖에 없었는데, 그 후 크세르크세스 1세와 함께 다시 아테네를 공격했소.

원고 측 증인 활로우만 (가상의 인물)

페르시아 전쟁 당시 활을 쏘는 궁수였던 애로우스 활 로우만이라고 합니다. 대제국을 건설했던 우리 페르 시아 제국에 대한 긍지가 대단하답니다. 개인적으로 영화에도 관심이 많답니다.

피고 레오니다스(?~기원전 480년, 재위 기간 : 기원전 487년~기원전 480년)

그리스의 영웅이자 위대한 스파르타의 왕, 레오니다스라고 하오. 형 클레오메네스 1세의 이복동생으로 그가 죽은 후 왕위에 올랐지요. 크세르크세스가 이끄는 페르시아 군을 맞아 스파르타 전사 300명과 함께 테르모필레를 수비하다 장렬히 전사하고 말았소.

피고 측 변호사 이대로

나는 역사공화국의 이름난 변호사 이대로라고 합니다. 나는 기존의 역사적 평가는 다 이유가 있다고 확신합니다. 역사적 진실은 쉽게 변하는 것이 아니거든요.

피고 측 증인 헤로도토스

나는 고대 그리스 도시, 할리카르나소스 태생의 그리스 역사가로 '역사의 아버지'로 칭송받고 있지요. 수많은 나라를 돌아다니며 보고 들은 것을 기록한 『역사』라는 책으로 잘 알려졌답니다.

피고 측 증인 투구리우스 (가상의 인물)

나는 자랑스러운 스파르타의 군인, 투구리우스입니다. 존경하는 레오니다스 왕과 함께 테르모필레 계곡에서 페르시아 군에 대항해 용감하게 싸웠던 일을 결코 잊을 수 없습니다.

기자 다알지

시청자 여러분, 안녕하세요? 역사공화국 법정 뉴스를 담당하는 기자 다알지입니다. 법정에서 어떤 이야기가 오갔는지, 어떤 일들이 일어났는지 놓치지 않고 전해 드리는 것이 나의 임무지요.

"페르시아 군대가 야만적이라니, 참을 수 없다!"

살아생전 페르시아 제국의 왕이었던 크세르크세스는 이승에 있을 때와 마찬가지로 온갖 맛나는 음식으로 점심을 마쳤다. 그러고는 편안한 자세로 최근 할리우드에서 만든 영화에 자신이 등장한다는 말을 듣고 기대 반, 호기심 반으로 관람하였다.

"영화 제목이 〈300〉이라? 특이하군."

〈300〉은 페르시아 전쟁을 배경으로 레오니다스 왕과 300명의 스파르타 전사들의 영웅적인 전투를 다룬 영화였다.

크세르크세스는 스파르타의 왕, 레오니다스의 얼굴을 떠올리며 대수롭지 않다는 듯 피식 웃었다. 그러나 영화가 중반부를 넘어가면서 크세르크세스의 얼굴이 점점 굳어졌고, 눈에는 핏발이 섰다.

"이건 해도 너무하는군? 위대한 페르시아 제국의 왕인 나를 수염도 없는 아프리카 추장처럼 만들어 놓고, 나의 용맹한 군대에게 흉측한 탈바가지를 씌워 놓다니……. 에피알데스의 몰골은 또 어떤가, 〈반지의 제왕〉에 나오는 골룸보다 더 끔찍하지 않은가."

크세르크세스는 모멸감에 온몸을 부르르 떨며 테이블 위에 놓여

있던 휴대폰을 집어 들었다.

"아, 김딴지 변호사? 나요, 크세르크세스. 영화를 보다가 이렇게 열 받아 흥분해 보긴 처음이오! 아무리 영화지만, 역사를 왜곡하는 데도 정도가 있어야 말이지. 지금 당장 스파르타의 왕 레오니다스를 상대로 '정신적 피해 보상 청구'에 관한 소송을 걸어야겠소. 이번 기회에 아테네, 스파르타와 같은 그리스의 도시 국가들이 위대한 페르시아 제국에 비하면 얼마나 초라한 존재들인지 모두에게 알리고야 말겠소. 그리고 페르시아 전쟁의 진실이 무엇인지도 꼭 밝히고 싶소. 이번 사건, 김 변호사가 맡아 주었으면 하오."

통화를 끝낸 크세르크세스는 비장한 눈빛으로 창밖의 먼 산을 주시했다. 그리고 자신의 잘 다듬어진 수염을 어루만지며 중얼거렸다.

"그럼, 누구를 증인으로 세운다? 먼저 부왕이신 다리우스 1세를 증인으로 모시고, 다음으로는 충직한 마르도니우스, 그리고……."

서아시아의 페르시아,
대제국을 건설하다

서아시아는 여러 나라가 힘을 겨루던 격전지였어요. 때문에 항상 힘을 기르고 긴장을 하고 있어야 했지요. 그런데 바빌로니아라는 나라가 안정이 되자 왕은 나태해졌고 국력은 점점 약해졌지요. 이에 불안해진 신하들은 이웃 나라인 페르시아를 찾아가게 된답니다.

당시 페르시아 제국은 기원전 6세기 중반, 이란 고원에 세워진 나라였어요. 혼란한 자신의 나라를 걱정하는 바빌로니아 신하들의 청을 받아들여 바빌로니아를 정복하게 되지요. 이로써 기원전 539년 키루스 2세는 피 한 방울 흘리지 않고 바빌로니아를 손에 넣을 수 있게 되었고 페르시아는 대제국을 건설할 토대를 마련하게 되었지요.

바빌로니아를 점령한 키루스 2세는 계속해서 주위 여러 왕국을 점령해 나갔지요. 다음 왕인 다리우스 1세 때에는 서쪽의 에게 해 북쪽 기슭에서부터 동쪽의 인더스 강에 이르는 거대한 제국을 완성하게 된답니다. 기원전 5~6세기경 페르시아 제국은 최대의 영토를 가지게 되었답니다.

한편 다리우스 1세는 대제국에 어울리는 새로운 왕궁을 건설하기로 결심하고 페르세폴리스를 짓기 시작해요. 그리고 넓은 땅을 효율적으로 다스릴 수 있는 방법을 찾아내지요. 바로 전국을 여러 주의 영토로 나누는 것이었어요. 그리고 각 지역마다 '왕의 눈, 왕의 귀'라 부르는 감찰사를 두어 왕의 힘이 약화되지 않도록 했답니다. 그뿐만 아니라 중앙과 지방을 연결하는 길인 '왕의 길'도 만들었어요. 이 길을 통해 수많은 지역의 정보를 빠르게 접할 수 있었지요.

서아시아 지역을 통일한 페르시아는 대제국을 형성하고 200여 년이나 그 상태를 유지하였지요. 이렇게 페르시아를 유지할 수 있었던 것은 다른 민족에게 관대했기 때문이랍니다. 여러 민족이 섞여 있는 만큼 반발이 많이 일어났는데, 페르시아는 종교와 문화를 이해하는 관용의 정치를 폈어요. 이 덕분에 페르시아는 고대 서아시아에서 가장 거대한 제국이 될 수 있었답니다.

페르시아의 키루스 왕을 찾아간 바빌로니아 신하들

원고	크세르크세스	대리인	김딴지 변호사
피고	레오니다스	대리인	이대로 변호사

청구 내용

그리스의 역사가 헤로도토스가 『역사』라는 책을 쓴 이후부터 사람들은 페르시아 전쟁에 대해 '동양의 전제주의에 대한 그리스 민주주의의 승리'라고 이야기해 왔습니다. 헤로도토스는 이 책에서 페르시아가 그리스와 벌인 전쟁에서 패배한 것은 나, 크세르크세스가 오만했기 때문이라며 매우 편파적이고 일방적인 주장을 펴고 있습니다.

이 잘못된 주장은 시간과 공간을 초월하여 오늘날에도 교과서나 교양 서적, 어린 학생들이 보는 만화에 그대로 전해지고 있습니다. 심지어 미국 할리우드에서는 영화로까지 만들어져 200여 년 동안 대제국으로 군림해 온 위대한 제국 페르시아의 이미지에 먹칠을 하고 있습니다. 특히 영화 〈300〉은 페르시아의 역사를 의도적으로 왜곡하고 외양도 우스꽝스럽게 꾸며 페르시아의 명예를 심하게 훼손했습니다.

아무리 역사가 승리한 자의 기록이라고 해도, 또 그 책을 그리스 인이 썼다고 해도 오랜 기간 제국을 다스리며 문명을 발전시켜 온 페르시아를 폄하하는 것은 옳지 않다고 생각합니다.

따라서 청구인은 사람들의 페르시아에 대한 부정적인 인식을 바로잡고자 스파르타의 왕, 레오니다스에게 명예 훼손에 대한 정신적 피해의 손해 배상을 청구하는 바입니다. 또한 청구인은 이번 재판을 통해 판사님과 배심원 여러분의 현명하신 판단에 의하여 본인의 실추된 명예를 회복하는 것은 물론이요, 인종주의적 편견과 문화적 우월주의에 입각한 서구 중심주의적 역사 인식을 바로잡는 계기가 되기를 희망합니다.

입증 자료

- 중학교 역사 교과서
- 고등학교 세계사 교과서
  그 외 자료 추후 제출하겠음.

위 청구인 크세르크세스
역사공화국 세계사법정 귀중

페르시아 전쟁은
왜 일어났을까?

1. 페르시아는 어떤 나라였을까?
2. 그리스의 폴리스는 아테네와 스파르타뿐일까?
3. 페르시아 제국은 왜 그리스에 관심을 두게 되었을까?

1

페르시아는
어떤 나라였을까?

"자네, 혹시 소문 들었나?"

"무슨 소문?"

"아, 글쎄, 크세르크세스 왕이 영화 〈300〉을 보고 엄청 열 받아서 스파르타의 왕 레오니다스를 법정에 세운 거라는 소문 말일세."

"음, 그런 거였군. 나도 그 영화 봤는데 재미만 있던걸. 특히 스파르타의 전사들이 그리스 테르모필레에서 페르시아 군과 싸우는 모습은 정말 환상적이었어. 떡 벌어진 어깨, 울퉁불퉁한 팔다리에 왕(王) 자가 새겨진 복근하며…… 정말, 짱이었어! 그런데 페르시아 인들은 크세르크세스 왕을 비롯해 완전 괴물들뿐이더군!"

"사실 나도 여자 친구랑 그 영화 봤는데, 요즘 여자 친구의 성화에 못 이겨 헬스클럽에 나가고 있어. 상체 근육 좀 단련하려고……."

방청객들은 오늘 재판에 대한 궁금증을 한껏 드러내는 한편, 그들이 본 영화 이야기로 시간 가는 줄 모르고 떠들어댔다.

법정 경위　일동, 기립! 판사님이 입정하십니다.

법정 경위가 판사의 입정을 알리자 방청석이 일순간 조용해졌다. 판사는 자리에 앉아 흘러내리는 안경을 손가락으로 쓸어 올리더니 이번 사건의 서류철을 뒤적이며 말했다.

판사　지금부터 크세르크세스 대 레오니다스의 첫 번째 재판을 시작하겠습니다. 그럼 먼저, 소송을 제기한 원고 측 변호인의 청구 내용을 듣도록 하겠습니다.

김딴지 변호사　존경하는 판사님, 그리고 배심원 여러분, 본인에게 사건을 의뢰한 크세르크세스 왕은 다리우스 대왕의 아들로, 페르시아 제국의 번영과 풍요를 가져온 인물입니다. 그뿐만 아니라 그리스 원정에서 혁혁한 전과를 올려 모든 그리스 인의 간담을 서늘하게 만들었지요. 어떤 사람들은 마라톤 전투, 살라미스 해전, 플라타이아이 전투를 예로 들면서 그리스의 승리였다고 주장하지만, 전쟁의 승자가 그리스였다고 주장하기에는 여러 가지로 문제가 많습니다.

판사　원고 측 변호인, 그 문제는 재판이 진행되는 과정에서 좀 더 구체적으로 이야기하기로 하지요.

김딴지 변호사　네, 판사님. 어찌 됐든 오늘날 사람들은 대부분 페르시아 제국의 번영과 찬란한 문화, 그리고 위대한 역사적 업적에 대해서는 거의 알지 못한 채, 페르시아를 그리스의 자유와 민주주의를 위협한 침략자로만 인식하고 있습니다. 더 큰 문제는 헤로도토스의 『역사』라는 책이 나온 이래, 사람들은 서양인이 일방적으로 왜곡한 페르시아의 역사를 마치 사실인 것처럼 알고 있다는 것입니다. 이런 공정하지 못한 인식과 왜곡된 이미지가 신문이나 텔레비전을 통해 퍼져 나가다 보니, 심지어 페르시아 인들조차 자기네 역사를 서양인들이 만들어 놓은 틀에 맞추어 해석하는 지경에 이르렀지요.

판사 김딴지 변호사, 이번 소송의 취지를 좀 더 간략하게 설명해 주세요. 벌써 방청석에 조는 사람들이 있지 않습니까?

방청석을 향한 판사의 시선을 눈치챈 남자가 옆에서 졸고 있던 청년의 팔을 툭 건드렸다. 깜짝 놀란 청년이 벌떡 일어서며 소리쳤다.

청년 앗? 손님, 뭘 시키셨나요?

방청객들이 웃음을 터뜨리는 바람에 재판정의 분위기가 엉망이 되었다. 청년은 웃음소리에 비로소 정신을 차리고는 머쓱한 표정으로 머리를 긁적이며 얼른 자리에 앉았다.

판사 자, 조용히 하세요. 거기, 청년! 또 한 번 재판 진행에 지장을 주는 행동을 한다면 '법정 소란죄'로 퇴장시키겠어요. 자, 모두 조용! 그럼 원고 측 변호인, 계속해서 소송의 취지를 설명 하세요.

김딴지 변호사   네, 알겠습니다. 이렇게 중요한 내용을 설 명하고 있는데 조는 사람이 있다는 건 유감입니다만, 계속해서 말씀 드리겠습니다.

실추
명예나 위신 따위를 떨어뜨리거 나 잃어버리는 것을 말하지요.

김딴지 변호사는 졸다 깬 청년이 앉은 방청석 쪽을 못마땅하다는 듯이 쳐다보며 말을 이었다.

김딴지 변호사   따라서 원고는 스파르타의 왕 레오니다스에게 역 사적 사실을 왜곡하여 페르시아 제국의 위엄을 심각하게 손상하고, 원고인 크세르크세스 왕의 명예를 실추시킨 책임을 물어 재판을 청 구하는 바입니다.

판사   원고 측이 재판을 청구한 이유는 잘 들었습니다. 그런데 역 사 왜곡과 명예 훼손을 이유로 레오니다스 왕에게 소송을 제기한 것 은 조금 문제가 있는 것 같습니다. 그리스 측을 대표하여 모든 책임 을 레오니다스 왕 혼자에게 지운다는 생각이 듭니다. 피고는 좀 억 울할 것 같네요. 하지만 본 법정은 이번 사건의 심리를 받아들인 피 고 측의 의사를 존중하여 재판을 계속 진행하겠습니다.

판사의 설명에 피고와 이대로 변호사가 고개를 끄덕였다. 이에 김 딴지 변호사가 서둘러 일어나 말했다.

수사
엘람의 수도였는데, 엘람은 티그리스 강 동쪽의 이란 고원을 가리키던 옛 지명입니다. 엘람은 함무라비 왕의 바빌로니아를 지배하기도 했답니다.

아케메네스
기원전 559년에서 기원전 330년까지 페르시아를 지배한 아케메네스 왕조의 시조라고 알려졌지요. 그러나 아케메네스는 전설적인 인물로 추정할 정도로 관련 사료가 부족하기 때문에 그의 존재는 의심의 대상이 되기도 한답니다.

현손
손자의 손자를 일컫는 말이지요.

김딴지 변호사　판사님, 본격적인 재판에 앞서, 원고 크세르크세스의 진술 기회를 요청합니다.

판사　좋습니다. 원고 측 변호인의 요청에 따라 크세르크세스 왕의 진술을 들어 보도록 하겠습니다.

크세르크세스　존경하는 판사님, 그리고 배심원 여러분, 나는 이 소송을 제기한 원고로서 원활한 진행과 이해를 돕기 위해 페르시아의 역사와 나에 대한 소개를 간단히 하고자 하오. 먼저 페르시아라는 이름은 오늘날 이란 남서부 지방의 옛 이름인 파르스에서 비롯되었소. 이곳에서 우리 아케메네스 왕조가 처음 시작되었고 이후 페르시아라고 불리게 된 것이오.

김딴지 변호사　아케메네스 왕조가 시작되면서 페르시아라는 나라가 세워졌단 말씀이시죠? 페르시아 역사가 생소한 분들을 위해 페르시아 제국이 세워질 당시의 이야기를 좀 더 해 주시겠습니까?

크세르크세스　알겠소. 기원전 815년경, 이란 민족의 한 무리가 자그로스 산맥을 내려와 도시 지역인 수사 북동쪽에 모여 살았소. 그리고 기원전 700년경, 위대하신 아케메네스(Achaemenes) 님께서 처음으로 왕조를 세우셨소. 아케메네스 님의 현손(玄孫)인 키루스 2세께서는 기원전 550년 메디아를 점령하여 새롭게 페르시아 제국을 일으키셨지요. 키루스 2세는 칼데아라고도 부르는 신바빌로니아, 리디아, 이집트 동맹군을 쳐부수고 소아시아 연안에 있는 많은 그리스

페르시아 제국의
드넓은 영토를
보시오.

아케메네스 왕조의 페르시아 제국

식민 도시를 수중에 넣었소. 아울러 그분은 바빌론에 잡혀 있던 유대인들이 본국으로 돌아갈 수 있도록 관용을 베푸셨지요. 이때 예루살렘으로 돌아간 유대인들이 세운 성전이 바로 제2성전이오.

김딴지 변호사   한마디로 말해 페르시아 제국을 세운 사람은 키루스 2세, 즉 위대한 키루스 대왕이군요?

크세르크세스   그렇소. 당시 그의 명성은 온 천하를 뒤덮고도 남았소. 그리스 역사가 크세노폰도 자신의 책에 키루스 대왕을 인자하고 이상적인 군주로 언급할 정도였으니까. 그뿐 아니라 키루스 2세는 기원전 539년 바빌로니아를 정복한 후 '키루스의 원통'으로 알려진 세계 최초의 '인권 선언문'을 발표하셨소.

크세노폰
그리스의 역사가이자, 소크라테스의 제자입니다. 대표적인 저서로는 『아나바시스』와 『소크라테스의 추억』, 그리고 키루스 2세를 주인공으로 한 역사 소설인 『키루스의 교육』 등이 있지요. 그의 작품은 아티카 산문의 모범으로 여겨집니다.

선언문이 새겨져 있는 '키루스의 원통'

김딴지 변호사　　그 옛날에 인권 선언문이라니, 처음 들어 보시는 분도 많으리라 생각됩니다. 모두의 이해를 위해 '키루스의 원통'에 새겨진 내용을 조금 읽어 드릴까 합니다.

판사　　좋습니다. 그 당시 정복자들의 생각을 이해하는 데 도움이 될 것 같습니다. 김 변호사 들려주세요.

　　방청객들도 궁금한지 모두 숨을 죽이고 자료를 꺼내 드는 김딴지 변호사를 주시했다. 김딴지 변호사는 또박또박한 어투로 읽어 내려갔다.

　　"나 키루스는 세계의 왕이자 전능한 왕이며 바빌론, 수메르, 그리고 아카드의 왕이다. (……) 나는 수메르와 아카드의 영토를 절대로 위협하지 않을 것이다. 나는 백성과 그곳의 모든 신전을 보전할 것이다. (……) 아후라 마즈다의 뜻으로 공포하니, 내가 살아 있는 한 너희의 전통과 종교를 존중할 것이다. 나는 결코 전쟁으로 통치하지 않을 것이다. 그 누구도 다른 사람을 억압하거나 차별해서는 안 된다. 이유 없이 남의 재산을 강탈해서도 안 되며, 다른 사람의 자유와 권리를 침해해서도 안 되며, 부채 때문에 남자도 여자도 노예로 삼는 일을 금한다."

현재 이란의 파사르가다에 있는 키루스 대왕의 부조

"와~ 대단하다. 그 시절에 그런 생각을 가진 정복자가 있다니……."

방청석에서 고개를 끄덕이고 여기저기 탄성이 터지며 웅성거리자 판사가 법봉을 두드리며 주의를 주었다.

판사 조용히 해 주세요. 원고 측 변호인은 변론을 계속 진행해 주세요.

김딴지 변호사 알겠습니다. 어쨌든 뛰어난 키루스 2세가 신바빌로니아를 멸망시킴으로써 당시 변두리 국가였던 페르시아가 단번에 세계 제국이 되었다고 볼 수 있겠군요. 키루스 2세 이후 페르시아 제국은 어떻게 되었나요?

크세르크세스 키루스 2세가 동방 원정에 나섰다 안타깝게 전사하자, 그 아들인 캄비세스 2세는 키루스 2세가 성취하지 못한 이집트 정복에 나섰소. 그러나 도중에 반란이 일어나 그 뜻을 다 이루지 못

주(州)를 다스리는 관직명으로 자치국 왕과 비슷한 지위랍니다. 다리우스 1세는 사트라프의 막강한 권력을 제한하기 위해 장군 또는 징세관(徵稅官)을 통해 그들의 군사권·징세권을 빼앗고, 수시로 감시하는 감독관도 두었답니다.

조로아스터교

예언자 조로아스터(Zoroaster)의 가르침에 종교적·철학적 기반을 두고 있으며, 유일신 아후라 마즈다(Ahura Mazda)를 믿는 고대 페르시아 종교입니다.

파르테논 신전

페르시아 인들이 파괴한 옛 신전 자리에 아테네 인들이 세운 신전입니다. 아테네의 수호 여신인 아테나에게 바친 이 신전은 도리스식 신전의 극치를 보여 주는 걸작입니다. 파르테논 신전의 안정된 비례와 장중함은 그리스 정신의 집대성이라는 평가를 받고 있지요.

했소. 캄비세스 2세 이후, 제국은 잠시 정치적 혼란에 빠졌었는데, 나의 아버지인 위대한 다리우스 1세께서 왕위에 오르면서 페르시아 제국의 질서를 회복하게 되었소.

김딴지 변호사　혼란을 수습하기 위한 다리우스 1세의 정책을 몇 가지 소개해 주시지요.

크세르크세스　아버지께서는 지방에서 일어난 반란을 차례로 진압하고 인도의 북서부 지역을 공격하여 영토를 넓히셨소. 아울러 전국을 20개 주(州)로 나누어 주마다 사트라프라는 장관을 두어 세금과 병역을 부과했는데, 그들의 권한이 세지자 사트라프를 감시하고 중앙과의 연락을 담당할 '왕의 눈'과 '왕의 귀'를 두었소.

또 아버지 다리우스 1세는 조로아스터교의 주신(主神)인 아후라 마즈다에 대한 신앙심도 깊었는데, 당시 모든 건축 기술과 재료를 이용해 페르세폴리스에는 여름 궁전을, 수사에는 겨울 궁전을 지으셨소. 이 궁전들은 내가 어린 시절 뛰어놀던 추억이 서린 곳이오. 이 궁전들의 규모와 화려함에 비하면 그리스 아테네의 파르테논 신전은 뒷간 수준에 불과하오.

이대로 변호사　판사님, 이의 있습니다! 지금 원고는 의도적으로 그리스를 비하하는 발언을 하고 있습니다.

판사　피고 측의 이의 신청을 받아들입니다. 원고는 피고 측을 비하하는 불필요한 발언을 삼가 주시기 바랍니다.

고대 페르시아의 수도 페르세폴리스의 전경

아테네의 파르테논 신전

역전제

페르시아의 다리우스 1세는 총 2,698km에 달하는 '왕의 길'을 건설했습니다. 도로의 중간 중간에는 말을 바꿔 탈 수 있는 역참이 100여 개가 있었는데, 아무리 먼 지역이라도 긴급한 서류를 일주일 안에 전달할 수 있었답니다. 제국에서 일어나는 반란에도 즉시 대처할 수 있었던 이 제도는 페르시아를 역사상 최초의 제국으로 만드는 데 커다란 기여를 했지요.

크세르크세스　아니면 말고……. 좋소, 그럼 계속하겠소. 그뿐만 아니라 ▶다리우스 1세께서는 수사와 소아시아의 사르디스 사이에 도로를 건설하고, 역전제를 도입하여 왕의 명령을 신속하게 지방에 전달하도록 하셨소. 이 도로는 평상시에는 상업을 위한 교역로로, 전쟁 때에는 병사와 군수품을 실어 나르는 수송로로 이용되었소. 이 역전제는 이후 오랫동안 서아시아 여러 나라의 모범이 되었소. 또한 화폐 제도를 확립하고, 금화를 만들어 상품 유통도 원활해졌소.

　아버지 다리우스 1세의 업적은 여기에서 끝난 것이 아니오. 아버지께서는 기원전 513년에 도나우 강을 건너 스키타이 인을 공격했고, 기원전 492년과 기원전 490년, 두 번에 걸쳐 그리스 원정을 단행하셨소. 비록 그리스 원정은 성공하지 못했지만, 지금까지 이야기한 사실만으로도 아버지의 공적은 대왕이라고 불릴 만한 것이었소. 나 크세르크세스는 아버지의 뜻을 받들어…….

　크세르크세스의 말이 계속 이어지자, 이대로 변호사가 더 이상 참을 수 없다는 듯 자리에서 일어나 말했다.

교과서에는

▶ 대제국을 건설한 다리우스 1세는 도로와 역전제를 다듬어 중앙 집권 체제를 강화했습니다. 또한 피지배 민족을 억압했던 아시리아와는 달리 피지배 민족에게 관용을 베풀어 이후 약 200년간 번영을 누렸습니다.

이대로 변호사　판사님, 이의 있습니다! 원고가 본 법정을 전세 낸 것도 아니면서, 이렇게 장황하게 아케메네스 왕조의 족보를 늘어놓고 있습니다. 이를 당장 중지시켜 주십시오. 아울러 재판의 공정성을 위해, 저희도 고대 그리스 세계에

대해 발언할 기회를 주시기를 강력히 요청하는 바입니다.

판사   피고 측 변호인의 이의 신청을 기각합니다. 하지만 원고의
진술이 끝나는 대로 피고 측에게도 같은 기회를 줄 것입니다. 원고
는 아직 더 할 말이 있습니까?

아버지 자랑을 마치고 이제 막 자기 자랑을 시작하려던 크세르크세스는 발언을 방해받자 마음이 상했지만, 이내 체념한 듯 고개를 끄덕였다.

크세르크세스　　음…… 좋소. 내 진술을 간단히 정리하겠소. 보통 우리는 '제국'이라고 하면 먼저 로마를 떠올리지만, 세계 최초로 제국을 건설한 나라는 페르시아였다는 점을 다시 한 번 강조하고 싶소. 뭐, 할 말이야 많지만 나의 업적에 대해서는 재판이 진행되면서 상세하게 설명할 기회가 있을 것이니 이쯤에서 진술을 끝내도록 하겠소.

김딴지 변호사　　존경하는 판사님, 피고 측 변호인이 끼어드는 바람에 제 의뢰인이 중요한 내용을 진술하지 못했습니다. 그 부분에 대해서 제가 의뢰인을 대신하여 마무리해도 되겠습니까?

판사　　그럼, 간단히 언급해 주시기 바랍니다.

김딴지 변호사　　페르시아가 제국으로 발전하기 시작한 것은 이집트를 제외한 오리엔트 전체가 키루스 2세의 지배 아래 들어가면서부터입니다. 비록 다리우스 1세가 기마 민족인 스키타이를 토벌하려던 계획은 성공하지 못했지만, 원정 중 흑해 연안의 그리스 식민 도시와 트라키아 남쪽을 평정했지요. 그래서 그곳을 페르시아의 새로운 주로 만들었을 뿐만 아니라, 마케도니아의 충성 서약도 받아 냈습니다.

　　이것이 바로 서양에서는 인정하지 않는 페르시아의 평화, 즉 '팍스 페르시아나(Pax Persiana)'의 시작이며, 동시에 페르시아 제국이 지중해 방면으로 영토를 넓힌 이유라 하겠습니다.

팍스 로마나(Pax Romana)와
팍스 페르시아나(Pax Persiana)

일반적으로 역사상 처음으로 제국을 형성한 나라는 로마라고 알려졌지만, 사실은 고대 페르시아 제국이 먼저라고 할 수 있습니다. 기원전 700년경 아케메네스가 처음 왕조를 세운 후 키루스 2세와 다리우스 1세에 이르면서, 페르시아는 신바빌로니아, 메디아, 북서 인도 지방, 이집트, 소아시아, 발칸 반도 북동부에 이르는 대제국을 형성했지요. 페르시아의 전성기를 이끌었던 다리우스 1세와 그의 아들 크세르크세스에 의해 완성된 페르세폴리스는 훗날 마케도니아의 알렉산드로스 대왕이 점령했을 때, 2만 마리가 넘는 가축으로 보물을 날라야 했다는 전설 같은 이야기가 전해질 정도로 찬란하고 화려한 문화를 꽃피웠습니다.

'로마의 평화'라고 번역되는 '팍스 로마나'는 실질적으로 로마의 제정이 시작된 아우구스투스 황제(기원전 27년~14년) 때부터 마르쿠스 아우렐리우스 황제(161년~180년) 때까지 로마의 영토 내에서 비교적 평화와 안정을 누렸던 시기를 말합니다. 이러한 로마의 평화는 기원전 1세기 말 제정(帝政)이 수립된 이후 5현제 시대까지 약 200년간 계속되었답니다. 역사가들은 '팍스 로마나'라는 개념을 통해 어떤 헤게모니에 의하여 상대적인 평화가 징착있던 시대를 일컫는 새로운 말을 만들어 냈습니다.

2

그리스의 폴리스는
아테네와 스파르타뿐일까?

판사 좋습니다. 그럼 이번에는 재판의 공정성을 기하고자 피고 측의 진술을 들어 보도록 하겠습니다. 마찬가지로 진술은 피고 측 변호사의 요청을 받아들여 피고 레오니다스가 직접 하시지요.

레오니다스 존경하는 판사님, 그리고 배심원 여러분, 나는 크세르크세스 왕의 오해를 풀고 페르시아 전쟁의 위대한 승리를 되새기자는 의미에서 이 자리에 나왔소.

나는 비록 테르모필레 전투에서 전사했지만, 그것은 '폴리스'라 불리는 그리스 도시 국가들을 단결시켰고, 이는 결과적으로 전쟁에서 그리스가 승리하는 데 중요한 계기가 되었소. 따라서 조국의 자유와 민주주의를 지키기 위하여 나와 함께 장렬하게 최후를 맞은 스파르타 전사 300명은 역사의 흐름 속에서 전설이 되었지요. 게다가

왜 페르시아 전쟁이 일어났을까?

오늘날에는 이 같은 승리를 주제로 한 〈300〉이라는 영화가 만들어
져 많은 사람의 마음속에 살아 숨 쉬는 것이오.

김딴지 변호사　　판사님, 이의 있습니다. 테르모필레 전투에서는 스
파르타 인뿐만 아니라 많은 페르시아 병사들도 용감하게 싸우다 최
후를 맞았습니다. 그럼에도 피고는 지금 자기 자랑만 늘어놓으며 정
작 재판에 필요한 진술은 하지 않고 있습니다.

판사　　이의 신청을 받아들입니다. 피고는 불필요한 설명은 자제하
시기 바랍니다.

　한창 자신이 한 말의 감흥에 빠져 있던 레오니다스는 판사의 지적
에 괜히 헛기침을 몇 번 해댔다.

레오니다스　　흠흠, 좋소! 우리 그리스의 역사에 대하여 간단하게 말
씀드리지요. 그리스 문명은 기원전 1200년에서 기원전 800년에 걸
쳐 있었던 인도-유럽 어족의 이동과 함께 시작되었소. 초기 이들의
이동은 그리스 인의 한 갈래인 이오니아 족에 의해 이루어졌고, 이들
은 주로 소아시아의 남서부 해안과 에게 해의 일부 섬에 정착했소.
그리고 아케아 족은 더 남쪽으로 이동하여 미케네와 트로이를 정복
하고, 마침내 크레타를 지배하기에 이르렀소. 도리아 속의 일부가 그
리스 반도의 중앙에 자리 잡았고, 대부분은 펠로폰네소스 동쪽을 정
복하며 지중해로 진출해 에게 해의 여러 섬을 차지했소. 이렇게 시작
된 그리스 문명에서 폴리스의 역할은 거의 절대적이었소.

그때, 방청석에서 졸다가 판사의 주의를 받은 배달 청년
이 혼잣말로 중얼거렸다.

"폴리스는 경찰인데, 그리스 문명이랑 무슨 상관이지?
거참, 희한하네?"

청년 옆에 앉아 있던 사람이 조곤조곤한 어조로 청년에게 두 단어
의 차이점을 설명해 주었다.

"이보시오, 그 폴리스랑 이 폴리스는 서로 다른 말이오. 경찰은 영
어로 '폴리스(Police)'라 하고, 그리스의 도시 국가는 '폴리스(Polis)'라
하오. 둘 다 발음은 비슷하지만 철자도 다르고 그 의미도 다르다오."

친구인 듯한 사람이 눈을 크게 뜨며 말했다.

"우와! 사실 나도 잘 몰랐는데, 그 어려운 걸 자네가 알고 있다
니……. 사람이 완전 달라 보이네!"

이들의 말소리가 좀 컸던 모양인지 방청객들의 시선이 그들에게
쏠리자 판사가 법봉을 땅, 땅 치면서 장내를 진정시켰다.

판사　거기, 청년과 나머지 두 사람! 자꾸 소란을 피우면 정말로
법정에서 퇴장시키겠습니다. 조용히 피고의 진술을 들어 주기 바랍
니다.

레오니다스　음……. 자꾸 법정이 소란스러워 짜증이 좀 나지만, 계
속 얘기하겠습니다. 초기 폴리스는 산맥과 바다를 경계로 한 작은
촌락 공동체였지요. 그런데 시간이 점점 흐르면서 각기 다른 종족과
종교를 가진 사람들이 모여들었고, 규모가 큰 정치적 단위로 바뀌

어 갔소. 그러다가 공동체 사회에서 개인이 토지를 소유할
수 있게 되고, 혈연 사회가 지연 사회로 바뀌면서 ▶기원전
8세기쯤 폴리스가 성립되었소. 폴리스의 한복판 언덕 위
에는 긴급 상황 시의 피난처로 아크로폴리스를 마련하고

교과서에는

▶ 기원전 8세기경, 그리스
에는 폴리스라는 작은 도시
국가들이 나타났습니다. 폴
리스의 중심부인 아크로폴
리스에는 수호신을 모시는
신전을 지었으며, 그 아래
에는 민회와 시장 등 시민
들의 공공 생활 장소인 아
고라가 있었습니다.

지연 사회
기원전 800년경 그리스의 씨족 사회는 그들의 혈연적 한계를 극복하고 더 큰 정치적 공동체로 바뀌기 시작했습니다. 교역과 방위의 필요성이 거지자 공동체들은 시장과 요새를 중심으로 도시를 형성하기 시작했어요.

아크로폴리스
고대 그리스 폴리스의 중심이었던 언덕으로, 그곳에 신전과 요새가 구축되었지요.

헬레네스
그리스 인들이 스스로를 일컫던 이름으로, 전설적인 영웅 헬렌에서 유래했습니다. 그들은 모두 자신을 헬렌의 자손이라고 생각하고 있었지요. 그리스 신화에 의하면 헬렌은 도로스, 아이올로스, 쿠스토스의 아버지이며 쿠스토스는 이온과 아카이오스를 낳았다고 하지요. 이러한 이름들은 모두 그리스 인의 주요한 종족 이름과 관계가 있답니다.

유대 의식
유대(紐帶)는 끈과 띠라는 뜻으로, 둘 이상을 서로 연결하거나 결합하게 하는 것 또는 그런 관계를 말하지요. 사회적으로 형성되는 사물이나 일에 대한 개인적·집단적 감정이나 견해나 사상으로 서로 연결하거나 결합하는 것을 말합니다.

거기에 신전을 건축했지요.

이대로 변호사　　그렇군요. 폴리스에 대해 좀 더 자세히 설명해 주시겠습니까?

레오니다스　　그리스의 폴리스들은 서로 정치적 지배 관계가 없는 독립적인 사회로 존재했고, 상호 간의 정치적 통일성 또한 없었소. 하지만 우리는 같은 언어, 종교, 생활 관습을 공유했고, 우리 모두가 헬렌(Hellen)의 후예인 '헬레네스(Hellenes)'라 믿는 강한 유대 의식이 있었소. 폴리스의 규모도 다양해서 인구가 수천 명에서 많게는 20만~30만 명에 이르는 폴리스도 있었소. 그리스 본토에는 이러한 폴리스가 100여 개가 있었고, 식민시까지 합치면 무려 1,000여 개가 넘었을 거요.

이대로 변호사　　정말 놀랍군요. 어떻게 그렇게 식민시가 많을 수 있었나요?

레오니다스　　음, 좋은 질문이오. 그리스의 폴리스들은 기원전 8세기 중반부터 한 세기 이상에 걸쳐 조직적으로 나라 밖에 식민지를 건설했는데, 그 이유는 다음과 같소.

　　첫째, 귀족들이 토지를 집중적으로 독점하게 되자, 가난한 농민들이 새로운 경작지를 찾으려고 국외로 나갔지요.

　　둘째, 폴리스가 번영하고 시장이 확대되면서 물건을 만들어 내는 데 필요한 원료와, 만들어 낸 물건을 팔 새로운 상품 시장이 필요했지요. 그래서 사람들은 그리스 밖으로

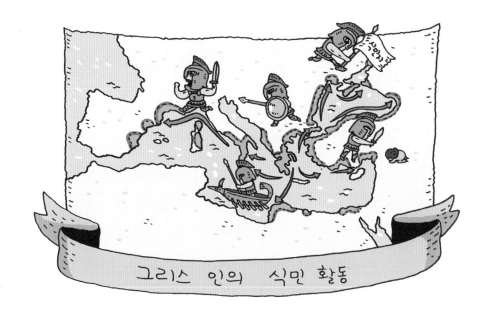

그리스 인의 식민 활동

뻗어 나갈 수밖에 없었소.

셋째, 폴리스 내에서의 정치적인 다툼이 있을 때, 불평을 가진 집단은 국외 식민지로 떠나 새로운 땅을 개척했소. 한마디로 마음에 안 드는 나라를 떠나 새로운 나라를 세우러 간 사람들이었지요.

넷째, 그리스 인의 모험심도 식민지 건설에 한몫했다오.

이대로 변호사　　그렇다면 그 많은 식민시들은 어디에 있었나요?

레오니다스　　식민시의 범위는 매우 넓어서 동쪽으로는 소아시아의 밀레투스(Miletus)에서 서쪽으로는 남이탈리아의 마그나 그레키아, 남프랑스의 마르세유, 지브롤터 해협, 북쪽으로는 흑해, 트라키아, 남쪽으로는 동북 아프리카에까지 이르렀소.

판사　　지금 아프리카라고 말씀하셨나요? 그렇게 먼 지역까지 식민시를 건설했다는 사실이 정말 흥미롭습니다. 하지만 오늘은 그리스의 폴리스에 대해서 좀 더 자세한 설명을 해 주시지요.

레오니다스　　알겠소. 일반적으로 그리스의 폴리스라고 하면 아테네와 스파르타에 대해서만 언급하는데, 에게 해 연안과 소아시아 일대에도 폴리스가 많았소.

▶그리스 본토는 대부분 험한 산악 지형이기 때문에 서로 고립된 상태를 벗어나기 위해 도시 국가들 사이에 동맹이나 연합이 이루어졌소. 아테네를 중심으로 한 델로스 동맹과 스파르타를 중심으로 한 펠로폰네소스 동맹이 그 대표적인 예라 하겠소. 폴리스들은 문화적·종교적·언어적으로 공통점을 가졌지만, 정치적으로는 각자 독립적이었소. 무엇보다 다른 폴리스에 지지 않고 자기의 세력을 넓히려는 패권 의식이 있었기 때문에, 전체 그리스를 통일하는 데 한계가 있었지요.

그리스의 폴리스

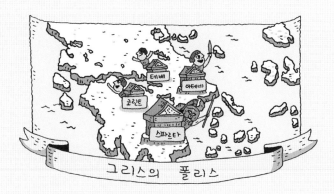

그리스의 폴리스

아키아 지방에는 그리스의 대표적인 폴리스인 아테네가 자리 잡았고, 그 북서부에는 테베와 아폴론 신전의 신탁으로 유명한 델피가 있었습니다. 더 서쪽으로 메세니아 지방에는 강력한 육군을 보유했던 스파르타가 있었지요. 그 외에 라리사, 펠라, 살라미스, 마라톤, 만티네아, 스파르타로스, 스팍테리아, 델리움, 에피담누스가 있었지요.

에게 해의 여러 섬 중에는 델로스, 사모스, 키오스, 레스보스, 타소스 등에 자리 잡은 폴리스들이 번성했어요. 소아시아의 서부 해안인 이오니아 지방에도 할리카르나소스, 미칼레, 밀레투스, 에페소스, 트로이, 사르데스, 낙소스, 로도스, 노티움, 키오스, 아르기누세, 키자쿠스, 키노세마 등의 폴리스들이 자리 잡고 있었답니다. 이탈리아 반도와 시칠리아에도 폴리스가 있었는데 대표적인 도시는 시라쿠사이고, 그 외에 카타나, 카마리나, 겔리, 셀리누스, 히메라, 메시나, 세게스타, 리파라, 로크리, 레기움, 쿠메, 네아폴리스가 있었지요. 그리스의 폴리스들, 정말 많지요?

3

페르시아 제국은
왜 그리스에 관심을 두게 되었을까?

판사   그럼, 다음으로 페르시아 제국이 왜 그리스 세계에 관심을 두게 되었는지 원고 측 변호인의 보충 설명을 듣도록 하겠습니다.

김딴지 변호사   예, 판사님. 키루스 2세는 기원전 546년 리디아 왕국을 정복했습니다. 이를 통해 일찍이 리디아의 왕 크로이소스의 영향 아래에 있던 아나톨리아 반도 서쪽의 그리스 도시 국가들이 이번에는 페르시아의 지배를 받게 되었습니다. 당시 페르시아는 제국 내의 이민족들의 수만 해도 수백만에 이르렀고, 지방 총독들은 왕으로부터 별다른 간섭을 받지 않으면서 거대한 주를 통치하고 있었지요.

이대로 변호사   그렇습니다. 김딴지 변호사의 말대로 페르시아 제국은 넓은 통치 지역에서 들어오는 막대한 수입 덕분에 엄청난 부를 쌓았지요. 왕 주변의 모든 것은 왕의 우월함과 권위를 강조하는 것

뿐이었고요. 왕의 자주색 옷은 그 누구의 옷보다 화려했으며, 왕이 행차할 때 깔아 놓은 붉은 양탄자는 왕 이외에는 누구도 밟아서는 안 되었습니다. 심지어 왕의 하인들이 왕 앞에 나설 때에는 자신의 입을 틀어막아야 했지요. 이것은 감히 왕과 같은 공기를 들이마실 수 없다는 뜻이었지요.

크로이소스
리디아의 마지막 왕으로 소아시아 연안의 여러 도시를 정복했는데, 정복 이후에도 여러 도시들과 관계가 좋아서 델포이 등 각지의 신전에 많은 재물을 보내기도 했지요. 그러나 그는 통치 말기에 델포이의 신탁을 잘못 믿고 페르시아의 키루스 2세와 전쟁을 벌여 결국 패배했답니다.

"붉은 양탄자를 깔았다고? 요즘 영화제 같은 데서 배우들이 밟고 들어가는 레드카펫 같은 건가?"

"입을 틀어막았다니, 그럼 왕 앞에서는 숨을 참고 있어야 했단 말이야? 그러다 숨이 막혀 죽으면 어쩌려고……."

이대로 변호사가 페르시아 왕이 얼마나 강력한 권력을 가지고 있었는지에 대해 설명하자, 방청석이 또다시 술렁였다. 이에 이대로 변호사는 만족스러운 듯 어깨를 으쓱하며 말을 이었다.

이대로 변호사　　이쯤 되면 페르시아 왕이 얼마나 절대적인 권력을 가지고 군림했는지 잘 알았을 것입니다. 게다가 페르시아의 왕은 제국의 풍요와 번영을 과시하기 위해 왕실의 귀족이나 신하들, 왕실에서 근무하는 시종들에게 매일 식사를 제공했는데, 그 숫자가 자그마치 1만 5,000명이나 되었다고 하네요.

이대로 변호사의 말에 방청객들이 놀라움을 감추지 못하며 동요하자, 김딴지 변호사가 참을 수 없다는 듯 몸을 벌떡 일으켰다.

김딴지 변호사   피고 측 변호인은 왜 매너 없이 남의 말을 자르고 끼어드는 겁니까? 이 변호사가 페르시아 제국의 번영과 강력한 왕권에 대해 비꼬는 투로 말했지만, 그것은 결국 페르시아가 그만큼 위대한 제국이었다는 사실을 반증하는 것입니다.

판사   내 보기에도 왕이 권력을 독점하고 있었던 것 같은데요. 원고 측 변호인, 구체적으로 페르시아의 어떤 점이 위대했다는 건가요?

김딴지 변호사   페르시아의 왕은 강력한 권력을 가지고 있었지만 자신이 신적 존재라는 생각은 하지 않았습니다. 이것이 다른 오리엔트 제국이나 이집트 왕국과는 다른 점이죠. 그 대신 자신을 아후라 마즈다의 대리인이라고 생각했습니다. 당시 페르시아에서는 '조로아스터교'의 선한 신인 아후라 마즈다를 숭배하고 있었거든요.

또한 페르시아 인들은 그리스를 포함한 당시의 다른 나라들과 달리 동물을 잡아 희생 제물을 바치는 야만적인 일은 하지 않았습니다. 대신 제단 위에 피워 놓은 신성한 불이 종교 의례에서 중요한 부분을 차지하고 있었지요. 그리고 페르시아의 왕은 강력한 왕권을 가졌지만 종교 의례에 간섭하지 않았고, 신하들의 일상생활에도 개입하지 않았습니다. 페르시아의 왕은 절대 왕권을 제한 없이 행사하는 대신 절제와 관용에서 나오는 덕으로 제국을 통치했지요.

크세르크세스는 김딴지 변호사의 변론이 매우 흡족한 듯 잘 다듬은 자신의 긴 수염을 쓸어내렸다.

"음, 내가 변호사 하나는 제대로 선임했군. 정말 마음에 들어. 요새 애들 말로 짱이야!"

크세르크세스의 칭찬을 들은 김딴지 변호사는 겸연쩍은 듯 어깨를 으쓱하며 말을 이었다.

김딴지 변호사 키루스 대왕이 페르시아 제국을 세운 이후 다리우스 왕이 집권할 때까지 28년이라는 짧은 시간 동안, 작은 나라에 지나지 않았던 페르시아는 유럽과 아시아, 아프리카 대륙을 아우르는 대제국이 되었습니다. 그리고 다리우스 왕은 기원전 518년부터 대대적인 개혁 정책을 시행해 전국을 여러 개의 행정구로 나누어 다스리고, 군사 제도도 개편했어요. 군대는 먼저 만인 부대, 천인 부대, 백인 부대, 십인 부대로 나누고, 순수 페르시아 인으로만 구성된 친위대도 따로 두었지요. 이것이 그 유명한 '이모탈(Immortal)', 무적의 부대입니다.

판사 '이모탈'이라면 '죽지 않는', '불사신'이라는 뜻의 페르시아 정예 부대 말이군요.

김딴지 변호사 그렇습니다. 다리우스는 이 부대를 이끌고 동쪽으로 나아가 오늘날의 팔레스타인 지역에서 인더스 강 유역까지 점령했고, 기원전 513년부터는 본격적인 정복 전쟁을 시작했습니다. 흑해 서쪽 해안과 북쪽의 스키타이 인에 대한 전쟁은 비록 실패로 끝났지만, 이 과정에서 마케도니아와 트라키아를 얻었지요. 이렇게 페르시아는 자연스럽게 그리스 세계와 만나게 된 것입니다. 비록 이후에 전쟁을 벌이기는 했지만요.

판사　설명 잘 들었습니다. 피고 측 변호인, 혹시 원고 측 발언에 이의 있습니까?

이대로 변호사　존경하는 판사님, 제게 발언할 기회를 주셔서 감사합니다. 그렇잖아도 한마디 하고 싶었는데, 또 중간에 끼어든다는 소리를 들을까 봐 참고 있었습니다. 원고 측 변호인의 설명은 사실입니다. 소아시아의 페르시아 총독, 즉 사트라프들은 트라키아를 완전히 정복하고 마케도니아의 항복을 받아 냈으며, 에게 해의 렘노스와 임브로스 섬을 손에 넣었지요. 따라서 페르시아는 그리스로 가는 진입로를 확보하고, 해협을 통한 흑해 곡물 무역의 통제권도 갖게 되어 그리스 경제에 중대한 타격을 입혔습니다. 게다가 페르시아는 그리스 본토 사람들이 소아시아의 그리스 도시들에 대해 간섭하는 것을 막고자 했습니다.

판사　그 말은 강해진 페르시아가 소아시아의 그리스 도시들에까지 영향을 미쳤다는 건가요?

이대로 변호사　그렇습니다. 기원전 499년, 페르시아의 지배에 대항해 이오니아 인이 반란을 일으키고 테베와 에레트리아가 이오니아를 지원하자, 다리우스 왕은 소아시아의 지배권과 해상권을 확보하기 위해 이들의 반란을 진압했지요. 사태가 이렇게 진행되자 그리스의 폴리스들도 페르시아의 위협에 긴장하지 않을 수 없게 된 것입니다.

김딴지 변호사　이의 있습니다, 판사님. 피고 측 변호인은 의도적으로 페르시아를 침략자로 규정하려고 교묘한 말로 사건의 본질을 흐리고 있습니다. 이오니아에 있던 도시 국가들이 반란을 일으켜 그리스 본토의 도시 국가를 자극한 것이 전쟁의 직접적인 원인이었는데 그 이야기는 아예 언급조차 하지 않고 있지요.

판사   자자, 양측 변호인들의 변론 잘 들었습니다. 오늘 미진했던 부분은 다음 재판에서 다뤄 보도록 합시다. 오늘은 시간이 다 되었으니, 여기에서 재판을 마치도록 하겠습니다.

    땅, 땅, 땅!

왜 페르시아 전쟁이 일어났을까?

다알지 기자

시청자 여러분, 안녕하세요. 역사공화국 법정 뉴스의 다알지 기자입니다. 오늘은 크세르크세스 대 레오니다스 재판의 첫째 날이었는데요. 오늘 재판에서는 페르시아 제국과 그리스 폴리스의 형성 과정, 페르시아 제국과 그리스 세계가 충돌한 배경에 대해 알아보았습니다.

마침 이번 재판에 많은 관심을 두고 방청객으로 오신 스파르타의 입법자로 유명한 리쿠르고스 왕과 잠시 인터뷰를 진행하겠습니다. 리쿠르고스 왕은 스파르타의 소우스 왕과 에우리폰 왕의 후손으로, 스파르타에 법령을 만들어 스파르타를 강력한 도시 국가로 성장하게 만든 분이지요. 그럼, 스파르타의 개혁을 이루어 낸 법령에는 어떤 것들이 있었는지 직접 말씀해 주시지요.

리크루고스

　　반갑소, 기자 양반! 나의 첫 번째 개혁은 스파르타에 '원로원'을 세운 것이었소. 원로원은 왕이 권력을 독차지하고 마구 휘두르는 일이 없도록 제어하는 역할을 하여 국가에 안정과 평안을 가져다주었지요.

　　두 번째 개혁은 토지를 새로 분배하는 것이었소. 당시 스파르타에는 부자와 가난한 자 사이의 불평등이 심각해, 대다수 백성은 힘든 삶을 살아가고 있었소. 그래서 돈이 많고 적음으로 인해 생기는 문제를 뿌리 뽑으려고 부자들로 하여금 모든 재산을 포기하도록 했소.

　　세 번째 개혁은 화폐와 관련된 것이었소. 금화와 은화를 없애고, 철로 만든 동전만을 사용하게 하여 운반과 사용을 불편하게 한 것이오. 이는 사람들이 돈을 꺼리는 원인이 되었고, 돈과 관련된 수많은 죄악이 사라지기 시작했다오.

　　네 번째 개혁은 사치스러운 사회 관행을 사라지게 하는 것이었소. 금과 은을 쓰지 않게 함으로써 외국의 물건이 들어올 수 없었으며, 외국 상인이 스파르타로 오는 일도 거의 없어졌소. 결국 부자와 가난한 자 모두 생활용품을 스스로 만들어 사용하게 되었지요.

　　다섯 번째 개혁은 모든 사람이 공동으로 식사하며 똑같은 빵과 똑같은 고기를 먹도록 한 것이오. 그 결과 탐욕과 과식이 사라지고, 나태함도 사라졌지요.

다알지 기자

말씀 잘 들었습니다. 요즘 같아서는 도저히 불가능해
보이는 사회 개혁을 강력하게 추진하신 점이 돋보이는군
요. 그럼, 재판을 보시고 느낀 점이 있다면 한 말씀 부탁합니다.

리크루고스

레오니다스 왕은 테르모필레 전투에서 300명의 스파르
타 전사들과 죽음을 두려워하지 않고 장렬하게 싸웠지요.
그는 전사함으로써 조국에 충성하고 그리스 전체를 페르시아
의 위협으로부터 구해 내었소. 본인의 희망은 모쪼록 이번 재판에서
레오니다스 왕의 명예가 훼손되는 일이 없었으면 하는 것이오.

페르시아 전쟁은
어떻게 진행되었을까?

1. 소아시아의 그리스 인들은 왜 페르시아의 지배에 반발했을까?
2. 그리스의 도시 국가들은 전쟁에 대하여 어떤 태도를 보였을까?
3. 페르시아 전쟁의 주요 전투는 무엇이었을까?

소아시아의 그리스 인들은
왜 페르시아의 지배에 반발했을까?

"재판 첫날에 그 위대하신 리쿠르고스 님이 오셨다면서?"

"응, 그렇다네. 재판이 끝나고 리쿠르고스 님이 방송국 기자와 인터뷰도 했고……. 나는 리쿠르고스 님에게 사인도 받았다네! 그 사인은 후손들에게 가보로 물려줄 참일세."

"아쉽군! 나도 첫날 왔더라면 사인을 받을 수 있었을 텐데……. 그건 그렇고, 오늘은 그 유명한 테르모필레 전투에 대해서도 변론을 한다지? 사실, 내가 바로 테르모필레 전투에 참전했던 스파르타의 병사 중 한 명이었다네. 오늘 증인석에도 설 예정이고."

"음, 그렇게 안 봤는데……. 자네, 정말 대단한 사람이었군그래. 그 역사적인 전투에 참전했었다니!"

방청석은 지난 재판에 대한 이야기로 시끌벅적했다. 흥미로웠던 첫날 재판 소식 때문인지 재판 둘째 날인 오늘은 더 많은 사람이 몰려온 것 같았다.

그때 판사 입정을 알리는 법정 경위의 외침이 울려 퍼졌다. 법정 안은 빠른 속도로 침묵에 휩싸였고 방청객들은 근엄한 표정으로 걸어 들어오는 판사를 바라보았다.

판사   자, 지금부터 크세르크세스 대 레오니다스 재판의 2차 심리를 시작하겠습니다. 원고 측 변호인, 변론을 시작하시지요.

김딴지 변호사   존경하는 판사님, 그리고 배심원 여러분, 재판 첫째 날, 피고 측 변호인은 전쟁이 일어나게 된 것이 마치 페르시아 때문인 것처럼 의도적으로 사실을 왜곡했습니다. 따라서 본 변호인은 잘못된 점을 바로잡고 진실을 밝히고자 다리우스 1세를 증인으로 불러 주시기를 요청합니다.

판사   좋습니다. 원고 측 증인 다리우스 1세는 증인석으로 나와 주시기 바랍니다.

황금빛 실로 장식된 자주색 옷을 입은 다리우스 1세가 모두의 시선을 한 몸에 받으며 걸어 나와 선서를 한 뒤 증인석에 앉았다. 그는 긴 수염을 쓸어내리며 법정 안을 한 번 둘러보았다.

판사   그럼, 양측 변호인은 증인 신문을 시작하십시오. 원고 측부터 시작하실까요?

김딴지 변호사　　네. 먼저 페르시아 제국의 질서를 다졌던 다리우스 왕을 뵙게 되어 반갑나는 말씀을 드리고 싶습니다. 그러면 지금부터 본격적인 신문을 시작하겠습니다.

지난 심리에서 피고 측에서는 ▶페르시아가 영토를 넓히려는 야심을 드러냈고, 그리스를 경제적으로 압박했다고 말했습니다. 이에 자극을 받은 그리스가 반발해 결국 전쟁이 일어나게 되었다고 했지요. 이에 대해 증인은 어떻게 생각하십니까?

다리우스 1세　　허허. 오히려 페르시아를 먼저 자극한 것은 그리스 쪽이었소.

김딴지 변호사　　그렇다면 증인은 그 점에 대해 좀 더 자세히 진술해 주십시오.

다리우스 1세　　우리 페르시아가 소아시아의 밀레투스 같은 그리스계 도시 국가들을 지배하면서 문제가 생기기 시작했다고 보는 것이 타당할 것이오. 이오니아 지방의 폴리스들은 처음에 리디아의 지배를 받고 있었지요. 그들은 내부적으로는 리디아로부터의 자치가 허용되면서도 외교적으로는 리디아의 속국으로 공물을 바쳤소. 리디아가 메디아와 전쟁을 벌일 때는 리디아를 위해 군대도 보냈소. 그러다가 우리의 위대한 키루스 2세가 그 지역을 정복하면서 페르시아의 지배 아래 들어오게 되었지요. 페르시아의 지방 총독은 페르시아에 호의적인 그리스계 귀족들을 골라 그들을 도시의 참주로 임명하

교과서에는

▶ 기원전 6세기 말에 오리엔트 세계를 통일한 페르시아는 그리스 쪽으로 세력을 뻗쳤습니다. 이에 페르시아와 그리스의 두 세력이 맞서 페르시아 전쟁이 일어났습니다.

왜 페르시아 전쟁이 일어났을까?

여 '왕 중의 왕'인 페르시아의 왕에게 세금을 바치게 했소.

김딴지 변호사　　리디아의 지배에 익숙했던 폴리스들은 페르시아의 지배를 받게 된 것이 당황스러웠겠군요?

다리우스 1세　　그렇소. 기원전 525년에 페르시아의 캄비세스 2세가 이집트 원정을 시작하면서 페르시아에 대한 소아시아의 그리스계 도시들의 불만이 더 커졌소. 왜냐하면 이전에 그리스 인들이 가졌던 상업과 무역의 이익을 페니키아 인들이 차지했기 때문이오.

어쨌든 이오니아의 폴리스들이 페니키아 인들에 비해 경제적 불이익을 당해 페르시아에 불만이 있었던 건 사실이었소. 하지만 그것은 단순히 불만일 따름이지요. 진정 나를 자극하여 전쟁을 결심하게 된 일은 따로 있소.

김딴지 변호사　　네, 바로 그것입니다. 무엇이 그토록 증인을 화나게 했나요?

다리우스 1세　　간단히 말하자면, 아테네의 뻔뻔한 외교 자세와 이오니아 지방의 그리스계 폴리스들의 반란 때문이었소.

먼저 아테네의 어이없는 외교 행태부터 말하리다. 기원전 6세기 중엽 아테네는 클레이스테네스(Cleisthenes)와 그의 라이벌인 이사고라스(Isagoras)에 의해 혼란을 겪고 있었소. 이사고라스는 클레이스테네스를 권좌에서 몰아내고자 스파르타의 정치적 개입을 요청했소. 스파르타의 왕 클레오메네스는 군대를 이끌고 가서 아테네의 정치에 깊숙이 개입하게 되었지요. 한때 클레오메네스는 클레이스테

참주
본래 참주(僭主, tyrannos)는 왕이라는 뜻의 바실레우스와 같은 의미로 사용된 말입니다. 기원전 7세기부터 기원전 6세기경의 참주는 거의 귀족 출신으로 민중의 지도자 역할을 했으며, 폴리스의 발전에 많은 공헌을 했습니다. 기원전 4세기부터 기원전 3세기의 참주들은 군사력을 배경으로 권력을 장악했는데, 표면상 민주제 형식은 지켰으나 그것은 자신의 지배권 확보를 위한 수단에 불과했지요.

페니키아 인
페니키아는 고대 가나안의 북쪽에 근거지를 둔 고대 문명으로, 중심 지역은 오늘날의 레바논과 시리아, 이스라엘 북부로 이어지는 해안이었습니다. 최초로 알파벳을 사용한 문명으로 해상 무역을 통해 자신들의 알파벳을 북아프리카와 유럽에 전파했지요.

클레이스테네스, 이사고라스

네스와 그 일파를 쫓아내고 이사고라스에게 정권을 맡기려고 했으나 아테네의 시민이 단결해 이에 저항했고, 결국 스파르타 인들은 아테네에서 물러나게 되었소.

이후, 스파르타에 의해 추방된 클레이스테네스와 그 무리가 다시 아테네로 귀환하여 권력을 손에 쥐면서 문제가 시작되었소. 아테네와 스파르타는 이제 완전히 적대 관계에 놓였기 때문이오. 결국 기원전 507년, 아테네는 스파르타를 견제하려고 페르시아에 사절을 파견하여 동맹을 청했소.

김딴지 변호사　음, 이야기가 점점 흥미로워지는군요. 그래서 페르시아는 아테네의 제안을 받아들였나요?

다리우스 1세　허허, 김딴지 변호사가 보기보다 성격이 급하신가 보구려. 당시 아테네의 외교 사절단은 사르디스(Sardis)에 도착하여 그곳 총독 히스타스페스의 아들인 아르타프레네스를 만나 동맹을 제안했소. 당시 아르타프레네스가 보내 온 보고서에 의하면, 그는 아테네 인들의 제안을 듣고 기가 막혔다고 하오. 듣지도 보지도 못한 아테네라는 도시 국가가 감히 대제국인 페르시아에 동맹을 청하다니!

"그대들 아테네 인은 대체 어떤 민족이고 어디에 살고 있는가?" 이것이 아테네 인들의 말을 듣고 아르타프레네스가 던진 첫마디였다는구려. 사실 그때는 나도 그리스와 에게 해 주변에 많은 도시 국

클레이스테네스는 기원전 510년에 스파르타의 클레오메네스 1세의 도움을 받아 억압 정책을 폈던 히피아스를 아테네에서 추방하고, 세습 귀족 세력을 대표하던 이사고라스와 권력을 다투었습니다. 스파르타가 이사고라스를 지원해 줌으로써 클레이스테네스는 아테네에서 다시 추방되었지만, 시민들이 이사고라스에 반대해 일어나자 아테네로 돌아와 권력을 장악했지요. 그는 기원전 508년에 민회와 연합해 모든 시민에게 평등한 참정권을 부여하는 한편, 참주의 출현을 막기 위해 도편추방제를 도입하는 등 정치 개혁을 추진하여 아테네 민주정의 기초를 마련했어요.

사르디스
기원전 7세기경 고대 리디아 왕국의 수도였으며, 기원전 546년경 페르시아에 정복되었습니다. 지금까지의 연구에 의하면, 사르디스는 리디아 시대뿐만 아니라 페르시아 제국의 전성기인 기원전 7세기부터 기원전 6세기에 걸쳐 동서 교통의 요충지로서 번영했음을 알 수 있답니다.

가가 있다는 사실은 알고 있었지만, 1,000개가 넘는 폴리스 중에서 아테네라는 이름을 가진 폴리스는 처음 들었거든. 허허허!

다리우스 1세가 너털웃음을 지으며 말하자 이대로 변호사가 벌떡 일어났다.

이대로 변호사　이의 있습니다! 판사님, 증인은 진술하는 와중에 은근히 그리스와 아테네를 비하하고 있습니다. 아무리 그래도 그렇지, 아테네를 모르고 있었다는 것은 거짓 증언으로 보입니다. 증인은 지금 위증을 하는 거라고요!

다리우스 1세　뭐? 위증! 감히 나, 위대한 페르시아의 왕 다리우스의 말을 위증으로 몰다니! 난 사실을 사실대로 말한 것이오. 이대로 변호사! 당신이야말로 오버하지 마시오.

판사　자, 조용, 조용! 두 사람 다 감정을 가라앉히기 바랍니다. 증인의 태도나 지금까지의 진술 내용을 참작해 보건대 증인이 위증을 한 것으로 보이지는 않습니다. 두 분 모두 신성한 법정을 더 이상 어지럽혀서는 안 됩니다. 증인은 계속 이야기해 보세요.

다리우스 1세　음, 좋소! 나이를 한 살이라도 더 먹은 내가 참아야겠지요. 그런데 어디까지 얘기했더라? 그렇지, 아테네 사절에 대한 얘기였지! 아르타프레네스는 듣도 보도 못한 아테네라는 도시 국가가 페르시아 제국에 동맹을 청한 사실이 너무 어이가 없었다고 합디다. 그러나 그는 만약 아테네가 페르시아의 왕에게 '흙과 물'을 바

친다면 동맹을 맺기로 하겠지만, 그렇지 않다면 즉시 귀국하는 것이
좋을 것이라 했소.

판사　　흙과 물을 바치는 것에 무슨 특별한 의미가 있나요?

김딴지 변호사　　그건 제가 설명해 드리지요. 흙과 물을 바친다는 것
은 아테네가 페르시아의 지배를 인정하고 복종하겠다는 의미가 있
습니다. 그때만 해도 아테네 사절단은 페르시아가 자신들에게 부과
할 의무의 심각성을 정확하게 이해하지 못한 채 동맹을 성립시키려
는 일념으로 페르시아의 요구 조건을 받아들였습니다. 그러나 귀국
후 이들 사절단은 이 문제로 아테네 민회(民會)로부터 격렬한 비난

　　왜 페르시아 전쟁이 일어났을까?

을 받게 되지요. 이 외교적 실수로 말미암아 그리스는 일찍이 없었던 외부로부터의 군사적 위협을 엄청나게 받게 되었으니까요.

다리우스 1세   김 변호사가 설명을 잘해 주셨소. 그럼, 다음으로 이오니아에서 일어난 그리스 인들의 반란에 대해 설명하겠소. 이오니아의 그리스 인들은 이전에 리디아가 이오니아 인들에게 자치권을 주었던 시절과는 딴판이라고 판단되자 페르시아의 지배에 반발하여 반란을 일으켰소. 그 반란은 기원전 500년, 반세기 동안 페르시아의 통치를 받던 밀레투스의 정치가 아리스타고라스(Aristagoras)를 중심으로 여러 소도시가 연합하면서 시작되었지요.

민회
고대 그리스 · 로마 시대 도시 국가의 시민 총회를 일컫는 말입니다. 아테네의 민주 정치 기간에는 국정의 최고 결정 기관으로, 시민권을 가진 남자는 모두 출석할 수 있었어요.

밀레투스
소아시아 서쪽 해안에 있었던 그리스의 고대 도시입니다. 기원전 8세기까지 이오니아의 중심지로서 국외 무역이 번성하였고, 기원전 7세기에는 동지중해 · 흑해 연안에 70여 곳의 식민시를 건설했어요. 이집트에도 상업 식민시 나우크라티스의 기초를 쌓는 등, 그 부(富)와 인구는 그리스 세계에서 으뜸이었지요.

2

그리스의 도시 국가들은
전쟁에 대하여 어떤 태도를 보였을까?

판사   증인의 진술을 들어 보면, 페르시아 전쟁은 아테네의 외교적 실수와 이오니아 인들의 반란 때문에 일어났다는 말씀이군요? 그렇다면 그리스의 도시 국가들은 그 반란에 대해 어떤 반응을 보였는지 궁금한데요.

다리우스 1세   그렇지 않아도 지금 막 그 이야기를 하려던 참이었소. 밀레투스의 아리스타고라스는 페르시아 제국이 임명한 참주를 쫓아내고 이오니아 반란을 주도하며 그리스 본토의 도시 국가들에 지원을 요청했지요. 한데 스파르타의 왕 클레오메네스는 그들의 지원 요청을 거부했소. 그 이유는 만약 스파르타가 전쟁에 개입한다면 페르시아의 수도인 페르세폴리스까지 행군하는 데 석 달이 걸릴 정도로 멀기 때문이었소. 무엇보다 해군이 약한 스파르타로서는 대부분 바다 위에서 치러지게 될 전쟁에 개입하고 싶지 않았던 거요.

김딴지 변호사　스파르타가 도와주지 않았다면, 이오니아의 그리스 인들이 강력한 페르시아를 상대하기가 무척이나 부담스러웠을 텐데, 그리스의 다른 도시 국가들은 어떤 입장이었습니까?

다리우스 1세　아리스타고라스는 아테네의 지원도 요청했는데, 아테네는 막대한 전리품에 구미가 당겨 이오니아에 3단 노 갤리선 20척을 지원했소. 에레트리아 또한 5척의 3단 노 갤리선을 지원했지요. 이렇게 조직된 그리스 함대는 기원전 499년에 이오니아의 에페소스에 상륙했소. 무엄하게도 그리스 지원군은 페르시아의 가장 서쪽에 있는 행정 중심 도시인 사르디스로 진격해 이를 점령했지요.

김딴지 변호사　사르디스라면…… 아테네 외교 사절단이 페르시아에 '흙과 물'을 바치겠다고 약속한 바로 그곳이네요.

다리우스 1세　그렇소. 그러니 내가 어떻게 화가 나지 않을 수 있었겠소?

김딴지 변호사　증인께서 그렇게 분노하셨다면, 이제 아테네와 에레트리아에 대한 페르시아의 복수전은 불을 보듯 뻔한 사실이 되었겠군요?

다리우스 1세　그건 두말하면 잔소리지요. 이오니아의 반란은 기원전 494년, 소아시아의 그리스 폴리스인 라데에서 페르시아 함대

전리품
전쟁이 발생했을 때, 교전국으로부터 탈취한 물자를 말합니다.

3단 노 갤리선
배를 만드는 조선술은 이집트에서 발달한 많은 기술 중 하나입니다. 기원전 4000년대 말의 이집트 나일 강 하구에서 사용된 '파피루스'라는 풀을 엮어 만든 갈대배가 그 기원이라 할 수 있습니다. 추진력을 높이기 위해 노를 1단이 아닌 2~3단으로 배열했지요. 아테네에서 발견된 기원전 4000년경의 대리석 부조로 보아 살라미스 해전에서 아테네 해군이 사용한 3단 노선은 길이가 약 45m, 너비가 5m로 노 젓는 사람들이 3층으로 앉아서 배를 저었던 것으로 보입니다.

가 결정적인 승리를 거두고 이어 밀레투스를 불태움으로써 진압되
었소. 나의 함대는 에게 해의 동쪽 해안을 따라 항해하며 키오스 섬
과 레스보스 섬, 테네도스 섬을 차례로 정복했으며, 이 반란은 기원
전 494년에 끝났소. 한마디로 이오니아 반란군은 페르시아의 적수
가 되지 못했지. 감히, 겁도 없이 위대한 나, 다리우스에게 대항하여
반란을 일으키다니!

판사　　김딴지 변호사, 더 질문할 것이 있습니까?

김딴지 변호사　　없습니다. 판사님, 지금까지의 증인 진술로도 페르
시아 전쟁이 일어난 책임이 그리스 측에 있다는 사실을 충분히 알

　　왜 페르시아 전쟁이 일어났을까?

수 있으실 테니까요.

　다만 한마디 더 보충하자면, 이 반란은 소아시아의 해변과 키프로스에까지 번졌지만 그리스 인들에게는 통일된 지도력이 없었고, 그리스 인이 아닌 사람들은 반란에 참여하지 않았기 때문에 오래가지 못했습니다. 페르시아 군은 키프로스를 점령하고 카리아와 다른 여러 도시의 항복을 받아 냈습니다. 결국 기원전 494년, 페르시아의 대군에 의해 밀레투스가 함락되면서 반란이 진압되었지요.

판사　　그럼, 다음으로 피고 측의 반대 신문이 있겠습니다.

이대로 변호사　　존경하는 판사님, 그리고 배심원 여러분, 이오니아의 그리스 인들이 반란을 일으킨 것은 정당한 이유에서였습니다. 페르시아가 이오니아를 지배하기 이전 리디아의 통치를 받고 있었을 당시, 리디아는 이오니아 인들에게 자치권을 주었습니다. 그러나 페르시아는 참주를 내세워 그리스 인들의 정치적 자치를 심각하게 침해했습니다. 아울러 상업과 무역의 이익이 페르시아 지배하의 페니키아 인들에게 돌아가자 이오니아의 그리스 도시 국가들은 더 이상 참지 못하고 페르시아의 지배에 반발하여 반란을 일으키게 된 것입니다. 이 점에 대해서 증인은 인정하십니까?

　이대로 변호사의 질문에 다리우스 1세는 매우 언짢은 표정으로 대답했다.

다리우스 1세　　인정은 무슨 인정! 사실, 이오니아의 그리스 인들이 또다시 반란을 일으키지 못하도록 하기 위해서는 어느 정도 그들의 요구를 들어주는 것도 좋은 방법이라고 이야기하는 신하들도 있었소. 나는 내키지 않았지만, 페르시아가 전통적으로 유지해 온 관용 정책에 따라 이오니아의 그리스 인들에게 정치적 자치의 폭을 넓혀 주기는 했소.

이대로 변호사　　그런 조치를 취했다는 건 증인의 잘못을 인정한다는 뜻 아닌가요?

다리우스 1세는 화가 나서 증언대를 탁 치더니, 이대로 변호사에게 삿대질하며 말했다.

다리우스 1세　　이보시오, 변호사 양반! 뭐라고, 잘못이라고 했소? 정말 기가 막혀서 말이 안 나오는군! 못 들었습니까? 내가 그들에게 자치의 폭을 넓혀 준 것은 나의 관대함 때문이라고 한 말을? 하지만 나의 관용은 거기까지였소. 아테네의 외교적 배신 행위와 이오니아의 반란을 지원한 사실은 나를 우롱하고, 나의 권위에 도전한 용서할 수 없는 행위였기 때문이오. 나는 일단 이오니아의 반란을 진압하고 난 뒤, 아테네의 배신과 오만함을 잊지 않기 위해 시종들에게 매일 세 끼 식사 때마다 "폐하, 아테네 인을 잊지 마소서!"라고 외치라고 명령했소.

이대로 변호사　　그래서 결국 증인은 전쟁을 결심하게 되었나 보죠?

다리우스 1세　　변호사 양반, 내가 아무리 그리스 인들에게 좋지 않

은 감정이 있었다고 해도 전쟁은 그렇게 단순한 이유로 일으키는 것이 아니오. 아테네뿐만 아니라 존재도 미미한 에레트리아까지 반란을 일으킨 건 정말 참을 수 없이 화가 났지만, 그리스 원정을 결심하게 된 더 큰 이유는 그리스 세계 전체를 정복하고 지중해를 우리 페르시아의 바다로 만들기 위함이었소.

이대로 변호사   음…… 증인은 정말 원대한 포부가 있었군요? 판사님, 이상으로 반대 신문을 마칩니다. 그리고 배심원 여러분은 이오니아의 그리스 인들이 페르시아의 정치적 억압과 경제적 불이익 때문에 반란을 일으켰다는 점을 잊지 말아 주시기 바랍니다.

판사   네. 좋습니다. 증인은 이제 내려가 주기 바랍니다.

　방청객들은 증인석을 내려가는 다리우스 1세의 뒷모습을 쳐다보며 끼리끼리 소곤거렸다.

왜 페르시아 전쟁이 일어났을까?

3

페르시아 전쟁의
주요 전투는 무엇이었을까?

판사   다음으로 페르시아 전쟁이 어떻게 전개되었는지를 살펴보았으면 합니다. 양측 변호인의 견해를 들어 보도록 하겠습니다. 먼저 원고 측 변호인 말씀해 주세요.

김딴지 변호사   네. 기원전 492년에 페르시아의 다리우스 1세는 마르도니우스(Mardonius) 장군의 지휘 아래 마케도니아를 침공하라고 명령했습니다. 다리우스 1세는 1차 원정에서 그리스 북부 트라키아와 마케도니아를 공략하고, 이어서 아테네를 정복하기 위한 육해군 대부대 작전을 준비했습니다. 그러나 작전 초기에 300척의 대함대가 태풍으로 침몰하는 바람에 원정은 실패로 돌아갔습니다. 그렇다고 페르시아가 원정을 포기한 것은 아니었습니다. 다음 해인 기원전 491년, 다리우스 1세는 그리스 도시 국가들에 사절단을 파견해 흙과

물을 요구했습니다.

판사　복종을 의미하는 그 흙과 물 말씀이군요? 그래서 도시 국가들의 반응은 어떠했습니까?

김딴지 변호사　일찍부터 소아시아의 해안 지대에 자리 잡은 그리스의 식민 도시들은 경제적으로나 문화적으로 그리스 본토보다 먼저 발달했지만 폴리스 특유의 약점도 가지고 있었습니다. 폴리스들은 서로 정치적 유대를 형성하는 대신 오히려 대립과 분쟁을 일삼았고, 각 폴리스 내에서도 다른 당파나 계층끼리 서로 싸움을 하고 있었지요. 어쨌든 '흙과 물'을 요구한 것에 대해 그리스 도시 국가들은 각각 다르게 반응했습니다. 대부분의 섬과 그리스 본토의 도시들은 페르시아의 요구를 받아들였습니다.

이대로 변호사　판사님, 이의 있습니다! 원고 측 변호인은 아테네와 스파르타 같은 강력한 폴리스들이 페르시아에 결사적으로 대항하려 했었다는 사실을 의도적으로 축소하는 발언을 하고 있습니다. 그리스의 역사가 헤로도토스는, 아테네 인들이 항복을 일방적으로 강요하는 페르시아 사절들을 깊은 바위틈에 던져 버렸다고 기록하고 있습니다. 이는 '바라트론'이라 불리는 형벌로 중범죄자들을 처형하는 데 사용하는 방법이었어요.

　스파르타 인들도 페르시아 사절들을 '스스로 흙과 물을 모으게 하기 위해' 우물 속에 던졌습니다. 이렇게 아테네와 스파르타는 모든 시민들이 단결하여 페르시아에 대항할 마음을 먹고 있었지요.

김딴지 변호사　누가 아니랍니까? 존경하는 판사님, 피고 측 변호인은 남의 말을 끝까지 듣지도 않고 또 끼어들고 있습니다! 아테네는 이미 다리우스 왕에게 도움을 요청하고 흙과 물을 바치라는 요구를 받아들인 적이 있는데도, 군대를 파견하여 페르시아의 사르디스와 성소를 파괴했습니다. 따라서 다리우스 1세는 아테네의 배신 행위를 응징하기 위해 전쟁을 일으켰던 것입니다.

　하지만 전쟁의 원인을 좀 더 넓은 시야로 바라볼 필요가 있습니다. 공교롭게도 이 시기는 그리스와 페르시아의 세력이 확대되고 있던 시점입니다. 그리스는 기원전 8세기부터 약 200년 동안 인구 증가, 토지 부족, 상업적 이유 등으로 식민시를 건설하기 시작했으며, 그 결과 그리스 본토만이 아닌 흑해와 남부 프랑스, 이탈리아 지역까지 그리스의 세계가 확대되고 있었어요. 페르시아도 기원전 6세기경 메디아와 리디아 등을 정복하여 오리엔트 지역을 통일함으로써 강력한 왕국으로 떠오르고 있었고요.

판사 한마디로 그리스 세계와 페르시아 제국의 성장과 확대가 두 세력의 정치·경제적 충돌을 불러오게 된 것이군요?

김딴지 변호사 그렇습니다. 최초의 동·서 세계의 대결로 일컬어지기도 하는 페르시아 전쟁은 다른 시각에서 보면 지중해를 둘러싼 전쟁이었습니다. 말하자면 그리스의 지중해 지배권에 페르시아가 도전장을 냄으로써 일어난 전쟁이죠.

서양 고대의 문화는 지중해에 의지한 해양 문화라고 해도 과언이 아닙니다. 지중해를 지배하는 것은 경제적·군사적·정치적으로는 물론 문화적으로도 번영과 발전을 보장받는 셈이니까요. 지중해를 지배하는 자가 곧 세계를 지배하는 격이었지요.

판사 음…… 폭풍으로 300척이나 되는 함대를 잃은 것은 페르시아에게 상당한 손실이었겠네요. 그런데도 페르시아는 그리스 원정을 포기하지 않았다는 말이지요?

김딴지 변호사 그렇습니다. 기원전 490년, 페르시아는 2차 원정을 단행했어요. 이번에는 에게 해를 직접 건너 에레토리아와 아테네를 정벌할 계획이었지요. 원정군에는 보병 2만 5,000명과 기병 1,000명, 그리고 600척의 군함이 동원되었습니다. 페르시아의 왕 다리우스 1세는 대군을 이끌고 그리스로 진군했습니다. 이들의 첫 번째 목표는 그리스 남부의 많은 섬 중 가장 큰 섬인 낙소스였지요.

페르시아 함대가 그리스 동쪽의 사모스 섬을 출발해 이카로스 섬을 지나 곧바로 낙소스로 향하니, 낙소스 주민들은 싸워 볼 엄두도 내지 못하고 산속으로 숨어들기 바빴습니다. 이리하여 페르시아 군은 아무런 어려움 없이 낙소스를 점령하고, 성역과 시가지를 불태운 뒤 항해 방향을 서북쪽으로 돌렸습니다. 페르시아 군은 각 섬을 돌며 그 지역 주민을 강제로 징용했지요. 그러던 중에 카리스토스에 이르렀는데, 이곳 주민들은 아테네와 에레트리아를 공격하는 데 가담하는 것을 거부했습니다. 그러자 페르시아 군은 카리스토스를 포위하고 맹렬히 공격했고, 결국 카리스토스는 얼마 버티지 못하고 페르시아에 '흙과 물'을 바치기로 맹세한 후 페르시아 군에 합류했습니다.

판사 낙소스에 이어 카리스토스까지 점령한 페르시아 제국은 에레트리아를 공격하러 나섰겠군요.

김딴지 변호사 그렇습니다. 곧이어 페르시아의 함대가 진격해 온다는 소식을 미리 들은 에레트리아 인은 아테네에 구원을 요청했습니다. 이에 아테네는 지원군 4,000명을 에레트리아로 파견했지요. 당시 에레트리아는 정치가 썩을 대로 썩어 있었습니다. 국론이 둘로 나뉘어 한쪽은 도시를 버리고 다른 지역으로 피난 가자고 주장하는가 하면, 다른 한쪽은 아예 나라를 배반할 준비를 하고 있었습니다.

양쪽의 계획을 모두 알게 된 에레트리아의 유력자인 노톤의 아들 아이스키네스는 아테네 군사들에게 이러한 상황을 설명하고 아테네로 돌아가라고 얘기했습니다. 아테네 인들은 그의 충고를 받아들여

화를 면했지요.

　한편 아테네 인까지 물러가자 에레트리아 시민들은 고독한 항쟁을 벌여야 했습니다. 감히 나가 맞설 생각은 하지 못하고 성벽을 지키는 데 온갖 노력을 기울였지만 결국 점령당하고 말았지요. 페르시아는 사르디스의 성역을 불태운 데 대한 복수로 에레트리아의 성소를 불태우고 시민들을 모두 페르시아로 잡아가 노예로 만들었지요.

판사　　한마음으로 단결해도 모자랄 판에 나라 안에 분열이 일어났으니 에레트리아는 망할 수밖에 없었겠네요. 에레트리아를 점령한 페르시아 군은 드디어 아테네로 향했겠지요?

김딴지 변호사 네. 에레트리아를 점령한 페르시아 군은 다음 목표인 아테네를 공격하기 위해 먼저 주 병력을 아테네 동북부 마라톤 해안에 상륙시켰습니다. 페르시아 군대가 왔다는 소식에 놀란 아테네 인들은 급히 스파르타에 사람을 보내 도움을 요청했죠. 스파르타는 지원을 약속하긴 했으나, 스파르타의 종교 행사가 끝난 다음에야 병력을 보내겠다고 대답했습니다. 아테네 인들은 스파르타 인들이 무척 원망스러웠을 것입니다. 만약 페르시아가 아테네가 아닌 스파르타를 먼저 공격하려 했다면 스파르타는 종교 행사든 뭐든 간에 허둥지둥 아테네에 지원을 요청했겠지요.

이대로 변호사 그건 김딴지 변호사가 잘 모르고 하는 말입니다. 유대인들도 철저하게 안식일을 지키듯이, 그리스 인들에게도 국가적 종교 행사는 전쟁이 터져도 지켜야 할 신성한 의무였습니다. 그리고 스파르타 인들은 명예를 목숨보다 중하게 여기는 사람들입니다. 그런 사람들이 아테네가 도움을 청한 것을 페르시아가 겁나서 핑계를 대고 거부했다고 생각하다니, 그건 오해입니다.

어쨌든 아테네 인들은 성벽 뒤에서 기다릴 것인지, 아니면 해안 지역으로 병력을 내보낼 것인지에 대해 격론을 벌였습니다. 이때 아테네의 명장 밀티아데스(Miltiades) 장군은 **마라톤** 평원에서 페르시아 군을 무찌르자고 아테네 시

스파르타의 종교 행사
스파르타의 종교 행사에서 두드러진 점은 3대 제전(카르네이아, 김노파이디아이, 히아킨티아)이 모두 아폴로 신을 위한 것이었으며, 소년들이 제전에서 중요한 역할을 했다는 점입니다. 특히 카르네이아 제전은 스파르타에서 가장 중요한 국가적 축제였으며, 축제 기간 동안에는 법정이나 시장을 여는 등의 공적인 일, 심지어 전쟁도 일체 중지되었다고 해요. 기원전 479년 마라톤 전투에 스파르타 군대가 참여하지 않은 것도 카르네이아 제전 때문이었다고 합니다.

밀티아데스
아테네의 군인이자 정치가입니다. 군인으로서 명성을 얻은 그는 기원전 493년 아테네의 총사령관에 뽑혀 기원전 489년까지 네 차례나 역임했지요. 페르시아의 제2차 그리스 원정 당시, 그는 아테네의 중장 보병의 밀집 대형을 활용해 마라톤 전투에서 승리했답니다.

마라톤 평원
마라톤은 아테네에서 36.75km 거리에 있는 넓은 평원입니다. 해안을 향해 입을 벌린 주머니처럼 입구는 좁고 안쪽은 산으로 둘러싸여 있지요.

민들을 설득하는 데 성공했어요. 그는 스파르타의 지원이 이루어질 때까지 수비하는 것도 생각해 볼 수 있으나, 적에게 주도권을 빼앗긴 상태에서는 승리할 수 없다고 믿고 있었습니다. 밀티아데스는 약 1만 명의 시민병을 거느리고 해안에서 야영하는 페르시아 군을 굽어볼 수 있는 언덕에 진지를 구축했습니다.

김딴지 변호사　네, 그랬죠. 페르시아 군은 1만 5,000명을 해안에 모으고, 나머지 1만 명은 아테네 공격을 위해 계속 항해를 하도록 했고요. 저는 이 점이 아쉽습니다. 페르시아가 마라톤 전투에 전력을 집중했다면 승리할 수도 있었을 것이기 때문입니다.

이대로 변호사　밀티아데스는 시간을 끌면 아테네로 돌아가 방어할 시간을 놓치게 되므로, 마라톤 평원에서 서둘러 페르시아 군을 공격할 계획이었죠. 비록 병력은 뒤지지만 전투에 유리한 위치를 확보하고 적을 유인하여 공격한다면 충분히 이길 수 있다고 생각했습니다. 그리고 밀티아데스는 적을 난처하게 만들 특별한 전술 대형을 만들어 냈는데, 그것이 바로 '양익 포위 전술 대형'입니다. 마라톤 전투에서 최초로 등장한 이 대형은 이후 전쟁사에서 매우 보편적으로 등장했지요.

판사　양익 포위 전술 대형이 밀티아데스 장군에 의해 만들어진 것이라니, 오늘 새로운 사실을 알았네요.

이대로 변호사　밀티아데스는 군대의 양옆을 하천으로 보호할 수 있는 곳으로 적을 끌어들였습니다. 그는 아테네가 페르시아보다 군사의 수가 적은 것을 고려해 종심을 줄이고, 그 대신 전면을 페르시아 군과 일치하도록 길게 늘여 놓았지요. 그리고 중앙은 얇게, 양측은 병력을 두텁게 배치했습니다.

페르시아 군대와의 거리가 1.6km에 이르렀을 때 밀티아데스는 전진 속도를 증가시켰습니다. 단, 중앙은 서서히 전진토록 했지요. 페르시아 군은 빠른 속도로 진군해 오는 그리스 군의 모습을 보고 그저 좋아했습니다. 말을 탄 기병도 없고 활을 쏠 궁사도 없는 그리스 병사들이 자멸의 길로 빠져들고 있다고 생각했기 때문이었지요. 그러나 그리스 군은 페르시아 궁사들의 사정거리 내에 들어가자마자 더욱 빠른 속도로 공격하면서 화살 공격을 받는 시간을 최소화했습니다. 그러면서 양측에 모여 있던 병사들은 페르시아 군 대열을 공격하기 시작했고, 페르시아 군을 완전히 포위한 다음 혼란에 빠진 적들을 격파했습니다.

판사 마라톤 전투는 아테네 군의 승리로 끝났다는 말이군요.

이대로 변호사 네. 헤로도토스의 기록에 의하면 이 전투에서 아테네 군은 192명의 병사를 잃었으나, 페르시아 군은 6,400명이나 되는 전사자를 내고 말았습니다. 밀티아데스가 지휘한 그리스의 중장보병(running hoplite) 밀집 대형은 동서양 간에 벌어진 최초의 전투를 승리로 장식했던 것입니다.

이 승리를 알리기 위해 전령은 온 힘을 다해 뛰었고, 그는 아테네 시민에게 "우리는 승리했다!"라는 최후의 말을 남기고 숨을 거두었습니다. 그 얼마나 감동적인 모습입니까? 이때 그 전령이 달린 거리가 42.195km였고, 오늘날 마라톤 경기는 바로 이 마라톤 전투에 기

종심
군사 용어로 앞뒤로 늘어선 대형, 진지, 방어 지대 등을 이룰 때 전방에서 후방까지의 거리를 이르는 말입니다.

원을 둔 것입니다.

마라톤 전투의 승리는 곧 유럽이라는 아기가 탄생하면서 낸 소리였습니다. 마라톤 전투 이후 알렉산드로스의 동방 원정과 헬레니즘 시대, 그리고 대제국을 건설했던 로마의 역사에서 보듯이, 세계사는 유럽을 비롯한 서양이 주도하게 되었습니다. 한마디로 마라톤 전투는 그리스 군의 놀라운 승리였습니다.

이대로 변호사의 말이 끝나기 무섭게 김딴지 변호사가 자리에서 일어서며 말했다.

김딴지 변호사　　판사님, 이의 있습니다! 피고 측 변호인이 마라톤 전투에 대해 설명하는 것은 참을 수 있지만, 배심원들의 판단을 흐리려고 사실을 왜곡하는 건 그냥 넘어갈 일이 아니라고 생각합니다. 피고 측은 당시 아테네에서 추방된 히피아스가 페르시아 군의 길잡이 역할을 했다는 중요한 사실을 숨겼습니다. 어느 나라의 역사에나 반역자는 등장하지만, 히피아스는 이 전쟁에서 그리스가 승리할 가망성이 없다고 보았던 것이죠.

판사　　그건 이대로 변호사가 그냥 말하지 않았던 것뿐이지, 딱히 왜곡한 거라고 볼 수는 없을 것 같습니다만.

김딴지 변호사　　그럼 하나하나 따져 보겠습니다. 이대로 변호사의 언급 중에 문제가 되는 것은 첫째, 마라톤 전투에서 양측의 전사자 수입니다. 헤로도토스가 페르시아 군의 사망자는 6,400명이고, 아테네 군 희생자는 192명밖에 안 된다고 한 것은 과장입니다. 그리스 역사가인 헤로도토스의 기록은 일방적으로 그리스 측에 유리한 것이므로 받아들일 수 없습니다.

둘째, 당시 아테네의 병사 중에서 가장 잘 달린다고 알려진 페이디피데스가 아테네까지 약 42km를 한달음에 뛰어가 "기뻐하시오. 우리가 이겼소"라고 외치고는 숨을 거두었다고 하셨지요? 오히려 헤로도토스는 전투가 벌어지기 전, 아테네 군이 도움을 청하기 위해 페이디피데스를 보냈을 뿐이라고 기록하고 있으며, 이것조차 믿을 만한 것은 아닙니다.

▶오늘날의 마라톤 경기는 마라톤 평원에서 전쟁을 치르던 병사들이 42km 밖의 아테네가 무방비 상태로 페르시아의 공격을 당할까 봐 마라톤 전투 직후 전속력으로 달려가 아테네를 지킨 것을 기념해 근대 올림픽에 채택된 것이라고 보는 것이 타당합니다.

셋째, 피고 측 변호인은 마라톤 전투의 의미를 과장하고 싶은 나머지, 마라톤 전투 이후 세계사는 유럽을 비롯한 서양이 주도하게 되었다는 검증되지도 않은 매우 무책임한 발언을 했습니다. 당시 그리스 인에게는 자신들이 '유럽 인'이라는 인식도 없었거니와 서양이니 동양이니 하는 말 자체도 없었어요.

판사 피고 측 변호인, 김딴지 변호사의 변론에 대해 반박이 있으면 하시지요.

이대로 변호사 비록 한 가지 역사적 사실이라도 여러 가

교과서에는

▶ 아테네 군은 마라톤 전투에서 페르시아 군을 격파하여 폴리스 세계를 지켰습니다. 이때 한 그리스 병사가 마라톤 평야에서 아테네까지 40km를 달려 아테네 시민들에게 전승 소식을 전하고는 그 거리에서 숨졌다고 합니다. 여기서 유래된 마라톤 경기는 1896년 개최된 근대 올림픽 제1회 대회부터 정식 종목으로 채택되었습니다.

순망치한
'입술이 없으면 이가 시리다'라
는 뜻으로, 입술과 이의 관계처
럼 결코 떨어져서는 안 되는 관
계를 가리키는 말입니다.

지 시각으로 볼 수 있는 것처럼, 페르시아 전쟁에 대한 시각도 마찬가지죠. 마라톤 전투는 문자 그대로 한 줌도 안 되는 작은 나라인 아테네와 기대한 페르시아 제국의 싸움이었지만, 아테네는 천신만고 끝에 승리합니다.

만약 마라톤 전투에서 아테네가 졌다면 어떻게 되었을까요? 페르시아는 그리스 전체를 정복 목표로 삼고 있었습니다. 순망치한(脣亡齒寒)이라는 옛말이 있듯이, 아테네 다음에는 스파르타 차례였을 것입니다. 그러므로 아테네만이 아니라 스파르타를 포함한 그리스 세계 전체가 위기를 겪을 수 있었는데, 아테네 군이 마라톤 전투에서 승리하면서 그리스 세계를 구한 것이지요. 그 점은 원고 측에서도 부정할 수 없을 것입니다.

김딴지 변호사 마라톤 전투만을 놓고 볼 때, 당시 페르시아 군과 그리스 군의 병력은 큰 차이가 없었음에도 '한 줌도 안 되는 작은 나라와 거대한 제국의 싸움'이라는 표현은 지나치게 과장된 것입니다. 거기다 그리스 중장 보병 밀집 전술이 이미 기원전 7세기에 나타나긴 했지만, 6세기 후반 아테네에서는 무겁고 값비싼 청동제 흉갑 대신에 마(麻)나 가죽 또는 금속 등의 장점을 살린 가볍고 값싼 복합형 흉갑이 발명되었고, 작은 모자와 비슷한 헬멧도 사용되기 시작했습니다. 그 결과 농촌이나 도시의 중하층 시민들도 스스로 무장을 할 수 있게 되었습니다. 밀집대의 단단함에 빠른 속도가 더해졌지요. 마라톤 전투에 있어 페르시아 군의 패배는 이 '달리는 중장 보병'에 대한 대응 전술이 부족했기 때문이 아닌가 합니다.

어쨌든 마라톤 전투에서 일단 물러난 페르시아는 다리우스 1세가 사망하고, 아들 크세르크세스가 왕위를 계승했습니다. 그는 부왕의 유지를 받들어 다시 그리스 원정을 단행하고자 군대의 힘을 키우기 시작했지요.

판사　마라톤 전투 이후 그리스 폴리스들의 상황은 어떠했나요?

이대로 변호사　마라톤 전투로 페르시아가 다시 공격하지 못할 만큼 커다란 타격을 입은 것은 아니었으나, 국내 사정으로 아테네를 다시 침략하는 데 10년의 세월이 흘렀습니다. 이 휴전기에 아테네를 비롯한 그리스의 폴리스들은 페르시아와의 전쟁에 만반의 준비를 할 수 있었습니다. 아테네는 테미스토클레스의 건의에 따라 대함대를 만들고, 이번에는 대부분의 폴리스가 페르시아의 침공이 전체 그리스의 자유에 대한 위협임을 깊이 인식하여 아테네를 중심으로 단결했습니다.

김딴지 변호사　그렇습니다. 마라톤 전투가 끝났다고 전쟁이 중단된 것은 아니었습니다. 다리우스의 후계자 크세르크세스는 패배를 설욕하기 위해 아버지의 유언을 받들어 제3차 그리스 원정을 준비했지요. 그러나 반란과 내정 문제, 그리고 다리우스의 죽음 등으로 그리스 원정을 미룰 수밖에 없었습니다. 원정을 위해서는 몇 년의 준비 기간도 필요했고요.

크세르크세스가 기원전 480년, 3차 그리스 원정을 위해 동원했던 수개국 합동군은 근대에 이르기까지 단일군으로서는 사상 최대였다고 합니다. 헤로도토스는 페르시아 군의 총병력이 500만 명 이상이었다고 기록하고 있습니다. 심지어 사람들과 말을 먹이느라 모든 개천과 호수가 다 말라 버렸다는 기록이 있을 정도였지요.

판사 500만 명이라니 정말 엄청난 숫자인데요?

김딴지 변호사 그렇지요. 그러나 오늘날 역사학자들은 당시 동원 가능한 페르시아의 병력이 20만 명을 넘지 않았을 것으로 보고 있습니다. 그러니까 제 말은, 헤로도토스의 기록이 황당하리만큼 과장된 것이기 때문에 무조건 믿지 말고 꼼꼼히 따져 봐야 한다는 겁니다.

어쨌든 크세르크세스는 기원전 480년 봄에 약 20만 명의 병력과 1,200척의 함선을 끌고 그리스 북부로 진격해 들어갔습니다. 그의 군대는 노예들을 동원해 4년에 걸쳐 헬레스폰트 해협에 배를 연결한 다리를 만들고 이를 건넜습니다.

이대로 변호사 그리스 측 역시 놀고만 있지는 않았습니다. 마라톤 전투 중 밀티아데스 밑에서 전쟁 수업을 받은 테미스토클레스는 아테네에서 명망이 높은 지도자로 부상했습니다. 그는 페르시아가 다시 쳐들어올 가능성을 경고하고, 아테네가 육군만으로는 그들의 침략을 막을 수 없으니 에게 해를 지킬 강력한 해군력을 길러야 한다고 주장했지요. 아테네는 테미스토클레스의 호소에 힘입어 단단하고 속도가 빠른 배를 만들기 시작했습니다. 170명까지 노를 저을 수 있는 이 배는 1인당 하나의 노를 맡도록 했으며, 노는 전체적으로 3단으로 배열되어 있었습니다. 이로써 아테네를 포함한 그리스 도시 국가들은 총 380척의 함대를 갖게 되었습니다. 1,200척의 페르시아 함선과는 비교가 안 되는 숫자지만, 그리스의 함선은 페르시아의 것에 비해 기동성이 훨씬 뛰어났습니다. 그리스 함선은 단단한 뱃머리를 높이 세우고 최고 속력으로 돌진해 적선을 침몰시킬 수 있었지요.

페르시아 육군이 에게 해 북쪽 해안을 따라 마케도니아와 테살리아 지방을 통과해 오자, 그리스 인들은 테르모필레의 좁은 골짜기에서 맞서 싸우기로 했습니다.

판사 크세르크세스 왕이 그렇게 엄청난 병력을 동원하여 세 번째로 원정을 떠난 이유는 그리스 세계를 완전히 페르시아의 지배 아래 두겠다는 것으로 이해됩니다. 그리스 도시 국가들은 어떻게 대응했는지 궁금하군요. 김딴지 변호사!

김딴지 변호사 바로 그 점을 설명해 드리겠습니다. 기원전 480년, 다리우스 1세를 계승한 페르시아의 크세르크세스는 해안선을 따라 그리스로 진격해 들어갔습니다. 페르시아 왕이 대규모 침공을 준비하고 있다는 소식에 그리스 도시 국가들의 반응은 엇갈렸지요. 이전 원정에서 페르시아에 의해 점령된 대부분의 그리스 도시들은 페르시아 왕에게 복종하며 '흙과 물'을 바쳤고, 보다 남쪽의 다른 국가들, 예를 들어 펠로폰네소스에 있는 아르고스조차도 맥없이 페르시아에 동조하는 상태였습니다. 기원전 480년에 크세르크세스의 지휘 아래 페르시아 군이 헬레스폰트 해협을 건널 무렵, 일찍이 기원전 492년에 페르시아 영토임을 스스로 인정한 테살리아에서는 페르시아의 왕을 환영할 준비를 하고 있을 정도였지요.

이대로 변호사 이의 있습니다, 판사님! 지금 원고 측 변호인은 대부분의 폴리스가 페르시아에 항복한 것처럼 이야기하고 있습니다.

그러나 다른 많은 그리스 도시 국가들이 페르시아에 반대하는 동맹을 결성하여 항전의 의지를 불태웠지요. 후세의 역사가들은 이를 가리켜 '헬레네 동맹'이라고 부릅니다.

이대로 변호사는 잠시 숨을 고르고는 판사를 향해 말을 이었다.

이대로 변호사　존경하는 판사님, 테르모필레 전투와 관련하여 당시 전투에 참전했던 스파르타 병사인 투구리우스를 증인으로 요청합니다.

판사　피고 측 증인 투구리우스는 앞으로 나와 주시기 바랍니다.

판사의 말이 떨어지자, 준수한 청년이 늠름한 태도로 걸어 나와 선서를 하고 증인석에 앉았다. 투구리우스에게 판사가 말했다.

판사　피고 측 증인은 간단히 자기소개를 해 주세요.

투구리우스　네, 판사님. 내 이름은 투구리우스이며, 나이는 30세, 생전에 스파르타의 병사였습니다.

이대로 변호사　증인, 이렇게 나와 주셔서 감사합니다. 그럼 먼저 페르시아가 일으킨 3차 그리스 원정의 전쟁터가 된 테르모필레 협곡에 대해 설명해 주시겠습니까?

투구리우스　네. 테르모필레 협곡은 테살리아에서 아티카로 향하는 관문으로서, 산맥과 바다 사이에 형성된 좁은 골짜기입니다. 아테네에서 북쪽으로 130km 정도 떨어져 있으며, 동쪽으로는 에보이아 해협이 있지요. 페르시아에 반대하는 그리스 국가들의 모임인 헬레네 동맹은 바로 여기서 페르시아의 공격을 막기로 했습니다. 테르모필레는 크세르크세스의 대군이 테살리아에서 그리스 중부로 진입하기 위해 지날 수밖에 없는 거의 유일한 통로였기 때문입니다.

이대로 변호사　　그러니까 그곳은 방어선을 구축하기에 아주 좋은 장소였겠군요. 테르모필레 주변에 배치된 병력에 대한 총지휘는 스파르타의 왕인 레오니다스가 맡았고, 해군 역시 스파르타 인인 에우리비아데스가 지휘했다고 알고 있는데, 맞습니까?

투구리우스　　맞습니다. 우리 그리스 군은 그곳에서 스파르타의 레오니다스 왕의 지휘 아래 구름같이 몰려오는 페르시아 군과 맞서야 했지요. 바로 그 앞바다에는 아테네 3단 노의 군선이 주를 이룬 그리스 함대가 유보이아 섬의 북쪽 끝인 아르테미시온 곶에 정박하고 있었습니다.

이대로 변호사　　그럼, 거기 테르모필레에서 당신의 임무는 무엇이었습니까?

투구리우스　　나를 포함해서 레오니다스 왕이 지휘하는 300명의 스파르타 인과 약 7,000명의 헬레네 동맹군은 그 협곡을 지키는 것이 임무였죠. 우리는 어떻게 해서든지 지연작전을 펼쳐 페르시아 인들의 진격을 막으며 테르모필레를 지켜야 했습니다. 레오니다스 왕은 그 일이 위험하다는 것을 알고 있었지만 스파르타의 전통에 충실하고자 끝까지 싸우기로 작정했지요. 그러나 대부분의 다른 그리스 인들은 후퇴하라고 명령했어요.

이대로 변호사   네, 그렇군요. 레오니다스 왕은 죽음을 각오하고 그 협곡을 지키려고 한 것 같은데, 이후 테르모필레 전투는 어떻게 진행되었습니까?

투구리우스   테르모필레에 도착한 페르시아 군은 우선 4일 동안 우리의 행동을 지켜보더군요. 크세르크세스 왕은 아마도 우리가 항복할 것이라고 생각했나 봅니다. 그런데 정찰병의 보고는 영 딴판이었지요. 스파르타의 병사들은 전투에 임하기 전에 머리를 손질하는 전통이 있습니다. 그러면서 긴장과 스트레스를 풀고, 전투에 임하는 각오도 새롭게 다지곤 했지요. 그걸 보고 우리가 항복하지 않으리라는 것을 깨달은 크세르크세스 왕은 5일째부터 전면적인 공격을 해 왔습니다. 크세르크세스 왕은 "페르시아 군이 쏜 화살이 하늘을 덮을 것"이라고 으름장을 놓았는데, 우리 레오니다스 왕은 "그럼 그늘에서 싸우게 되어 좋다"라고 대꾸했지요.

이대로 변호사   그늘에서 싸우다니요?

투구리우스   날아오는 화살이 하늘을 새까맣게 덮어 태양을 가리니까 자연히 그늘이 생기지 않습니까? 이후 치열한 전투가 벌어졌는데, 창과 방패만으로 방어하던 스파르타 병사들은 적의 화살이 소나기처럼 쏟아지는데도 한 걸음도 물러서지 않았습니다. 창이 부러지면 칼을 빼들고 싸웠고, 칼이 부러지면 주먹을 날리거나, 적의 팔뚝을 물어뜯으며 결사적으로 싸웠지요. 그런데…….

화살로 태양을 가리니
자외선도 차단되고 좋군!
페르시아 군아,
덤벼라~!

테르모필레 전투

열심히 대답하던 투구리우스가 갑자기 침통한 표정으로 입을 꼭 다물자 이대로 변호사가 조심스럽게 물었다.

이대로 변호사   그런데…… 무슨 일이 있었나요?

투구리우스   전투가 벌어진 지 7일째 되던 날, 에피알데스라는 배신자의 안내로 페르시아의 한 부대가 샛길로 빠져나와 우리의 배후를 들이쳤습니다. 다행히 레오니다스 왕은 병력을 나눠 배치하긴 했으나 거기에는 겨우 1,000명 정도의 병력밖에 없었지요. 우리는 페

시모니데스

고대 그리스의 시인으로서 그의 작품으로는 약간의 단편과 비문만이 전해집니다. 그는 에게 해의 키오스 섬에서 태어났으며, 젊은 시절부터 재능이 뛰어나 많은 사람들에게 알려졌지요. 그의 시는 우아한 어휘와 간결한 시구 속에 지은이의 진실한 정이 잘 살아 있다고 합니다.

교과서에는

▶ 스파르타 인은 다수의 피정복민을 노예로 삼아 다스렸기 때문에, 그들의 반란을 막기 위해 어릴 때부터 혹독한 스파르타식 교육을 시켰습니다. 그 결과 스파르타는 막강한 군사력을 지니게 되었습니다.

르시아 군의 기습을 당했지만 최후의 한 명까지 싸우다 장렬하게 전사했습니다.

이대로 변호사 아, 그랬군요! 감동으로 코끝이 찡해집니다. 그런데 레오니다스 왕의 테르모필레 방어전은 무모한 것이었을까요? 증인은 어떻게 생각하십니까?

투구리우스 ▶스파르타에는 전쟁터에 나가게 된 아들에게 어머니가 직접 방패를 건네주는 전통이 있었습니다. 그러면서 "이 방패를 가지고 돌아오든지, 아니면 방패 위에 누워서 돌아오라"는 이야기를 들려줬지요. 전쟁에서 승리하여 돌아오든가, 아니면 용감히 싸우다가 전사하라는 뜻입니다. 다시 말해, 목숨이 아깝고 죽음이 두려워 무기를 버리고 적에게 항복하는 것은 조국 스파르타와 가문에 수치스러운 일이므로 차라리 끝까지 싸우다 죽는 것이 훨씬 명예로운 일이라는 것입니다.

이대로 변호사 스파르타에 그런 전통이 있었군요. 그럼 마지막으로 묻겠습니다. 증인은 테르모필레에서의 죽음이 어떤 의미에서 가치가 있다고 보시는지요?

투구리우스 결국 테르모필레는 크세르크세스의 손에 떨어졌습니다. 그러나 그 사이 그리스 함대는 아르테미시온에서 퇴각할 수 있었고, 살라미스 해전에서 승리할 수 있는 발판을 마련했습니다. 그리고 우리의 용감했던 행동은 전체 그리스 인들에게 크나큰 감명을 주었지요. 그리하여 훗날에 시인 시모니데스(Simonides)는 이 싸움터에 다음과 같은 문장이 새겨진 비석을 세웠다고 합니다.

"지나가는 나그네여, 가서 말하라! 여기 누워 있는 우리 스파르타인들은 조국의 명을 받들어 싸우다가 여기에 잠들었노라."

투구리우스가 슬픔과 자부심이 뒤섞인 표정으로 말을 맺자 이대로 변호사가 고개를 끄덕이며 말했다.

이대로 변호사　존경하는 판사님, 그리고 배심원 여러분, 이렇게 테르모필레 전투에서 장렬히 최후를 맞이한 레오니다스 왕과 300명의 스파르타 병사들은 훗날 그리스 전체의 영웅이 되었고, 오늘날에도 살아 있는 전설이 된 것입니다. 이상으로 증인 신문을 마칩니다.

판사　네, 수고하셨습니다. 그럼, 원고 측 변호인, 반대 신문 하시겠습니까?

김딴지 변호사　네. 일단 증인의 조국에 대한 충성심과 군인 정신, 그리고 자유에 대한 열망에 경의를 표합니다. 제가 만약 스파르타의 병사로 그 자리에 있었어도 증인과 같은 심정으로 적과 싸웠을 것입니다. 그래서 드리는 말씀이지만, 제가 하는 질문에 증인은 테르모필레에서 듣고 본 것의 진실만을 이야기해 주시기 바랍니다.

투구리우스　네, 알았습니다. 내가 뭐, 여기까지 와서 숨길 것이 있겠습니까? 다 허심탄회하게 말씀드리지요.

김딴지 변호사　감사합니다. 증인은 혹시 최근 미국 할리우드에서 만든 영화 〈300〉을 보셨습니까?

투구리우스 　네, 그럼요! 그 영화의 주인공이 레오니다스 왕과 우리 스파르타의 300명의 용사들 아닙니까? 아마도 역사공화국에 있는 내 전우들은 모두 그 영화를 보았을 겁니다. 나는요, 우리 스파르타 병사들을 정말 멋지게 묘사한 감독님께 무척 고마웠어요. 그 영화의 속편이 나온다는 얘기는 아직 없나 봐요? 극장에 제일 먼저 가서 볼 텐데…….

김딴지 변호사 　제 의뢰인인 크세르크세스 왕도 그 영화를 보았습니다. 아, 물론 저도 봤고요. 그런데 문제는 영화가 일방적으로 그리스만 좋게 묘사한 반면, 페르시아의 실체는 왜곡했다는 겁니다. 그래서 이 영화를 본 관객들은 페르시아에 대해 부정적인 인식을 갖게될 우려가 있지요. 이 영화가 처음 상영되었을 때 이란에서는 영화 〈300〉이 자신들의 조상을 비하한다며 상영을 금지하기도 했습니다.

　신 나서 이야기하던 투구리우스는 김딴지 변호사의 설명에 얼떨떨한 표정으로 대답했다.

투구리우스 　네……. 그런 일이 있었군요?

김딴지 변호사 　그럼, 지금부터 하나씩 영화가 왜곡한 역사적 사실들을 추적해 보도록 하겠습니다. 증인은 여기 증거로 제시된 영화 포스터를 유심히 봐 주시기 바랍니다. 이 포스터에는 스파르타 병사들이 창과 방패를 들고 있는데, 하나같이 왕(王) 자가 새겨진 복근을 뽐냅니다. 그런데 이상하게도 상체를 보호하기 위한 갑옷 같은 방어 장

비는 하지 않았어요. 원래 스파르타 병사들의 전투 복장이 그런가요?

투구리우스   아…… 그렇지는 않습니다. 당연히 적의 공격에서 자신을 보호하기 위해 갑옷을 입었습니다. 저런 상태로 전쟁터에 나간다는 것은 일종의 자살행위지요.

김딴지 변호사   네, 감사합니다. 그럼, 다음 질문입니다. 다음 증거 사진들을 봐 주시기 바랍니다. 보시다시피 영화 속 페르시아 인들은 미개하고 정의를 짓밟는 야수로 표현되고 있으며, 험악하고 무서운 느낌이 듭니다. 그뿐만 아니라 '검은 힘의 수호자', '영혼이 없는 오만하고 기괴한 모습을 한 인간', '괴물과 같은 생김새'로 묘사하고 있는데, 과연 증인이 당시 테르모필레에서 보았던 페르시아 인의 모습이 그랬습니까? 또 그리스 측에서 배신자라고 하는 에피알데스의 모습은 어떠했나요?

투구리우스　　제가 테르모필레에서 본 페르시아 인의 모습은 이 증거 사진들과는 전혀 딴판입니다. 그들도 우리 그리스 인처럼 평범한 사람들이었거든요. 에피알데스도 그리스 인과 비슷하게 생겼고요. 와! 그러고 보니 이 영화에서 에피알데스는 영화 〈반지의 제왕〉에 나오는 골룸 같네요. 에피알데스가 형이고, 골룸이 동생인 거 아냐? 형제처럼 비슷해 보이네요! 하하.

제가 아는 에피알데스는 이렇게 생기지 않았어요.

왜 페르시아 전쟁이 일어났을까?

김딴지 변호사   네, 그렇죠? 그럼, 아래 사진은 어떻습니까? 이건 영화에 등장하는 크세르크세스 왕의 모습입니다.

투구리우스   음……, 나는 직접 크세르크세스 왕의 모습을 본 적이 없어서 뭐라고 말씀드릴 수가 없군요. 나 같은 일개 병사가 적군의 왕을 직접 볼 기회는 거의 없답니다. 그런데 사진을 보니 페르시아 왕이 흑인으로 보이네요?

　투구리우스가 놀란 표정으로 사진과 원고석에 앉은 크세르크세스를 번갈아 보며 고개를 갸우뚱했다.

김딴지 변호사　그렇습니다. 판사님! 영화에서는 크세르크세스 왕을 흑인으로 묘사하고 있습니다. 괴물처럼 보이기도 하고요. 증인도 여기 법정에서 직접 본 것처럼, 영화 속에서 묘사한 크세르크세스 왕이 실제 모습과는 완전히 다르다는 것을 알 수 있을 겁니다. 영화에서 크세르크세스 왕은 온몸에 황금 사슬을 두르고 심지어 코, 뺨, 귀, 머리 등을 뚫어 장신구로 치장했지요. 특히 영화 속 크세르크세스 왕은 수염이 하나도 없습니다. 페르시아에서 수염은 남자의 권위와 사회적 지위, 명예 등을 나타내기 때문에 수염 없는 남자들을 찾아보기 어려울 정도였는데 말입니다.

판사　김딴지 변호사, 증거가 될 만한 사진을 더 제시할 수 있겠습니까?

페르세폴리스에 있는 하디쉬 궁전의 크세르크세스 I세의 모습

김딴지 변호사　네. 바로 페르시아 인에 의해 조각된 크세르크세스 왕의 모습입니다. 영화 〈300〉에서는 페르시아의 크세르크세스 왕을 우스꽝스럽고 미개한 괴물, 신하들을 발로 밟는 잔혹한 전제 군주의 상징으로 그리고 있지요. 하지만 역사가 헤로도토스는 크세르크세스 왕을 두고 "이들 수백 수십만 명 가운데 준수한 용모와 훤칠한 키로 그와 통수권을 다툴 만한 자는 아무도 없었다"라고 묘사하고 있어요.

이대로 변호사　이의 있습니다. 판사님, 지금 원고 측 변호인은 증인에게 유도 신문을 하고 있습니다.

증인이 모르는 부분까지 원고에게 유리한 진술을 하도록 교묘히 유도하고 있습니다.

판사 피고 측 변호인의 이의 신청을 받아들입니다. 김딴지 변호사는 유도 신문을 삼가 주세요.

판사의 말에 김딴지 변호사가 매우 흡족한 듯 웃으며 대답했다.

김딴지 변호사 반대 신문 다 했습니다. 존경하는 판사님, 그럼 다음으로 원고 측 증인인 페르시아의 병사 활로우만을 불러 주시기 바랍니다.

판사 그럼 피고 측 증인은 내려가시고, 원고 측이 요청한 증인은 앞으로 나와 주시기 바랍니다. 그리고 본격적인 증인 신문에 들어가기 전에 자기소개를 간단하게 해 주세요.

활로우만 애로우스 활로우만입니다. 당시 나이는 27세, 직업은 궁수였어요.

판사 궁수? 활을 쏘는 병사였군요. 그럼, 원고 측 변호인은 증인 신문을 하시기 바랍니다.

김딴지 변호사 바쁘신 가운데도 증인으로 나와 주셔서 감사합니다.

활로우만 뭐, 사실…… 별로 안 바쁩니다. 그렇잖아도 심심했는데 불러 주셔서 감사합니다.

김딴지 변호사 그럴 땐 그냥 그러려니 하시지……. 흠흠! 증인도 앞서 제가 제시한 증거물을 보셨을 것이고, 피고 측 증인인 투구리

오리엔탈리즘

서양의 동양에 대한 선입견과 동양 문화에 대한 태도 등을 나타내는 말로 쓰입니다. 동양에 대한 서양의 우월성이나 동양에 대한 시양의 지배를 정당화하는 데 주로 쓰였지요. 오리엔탈리즘이라는 개념이 '서양의 동양에 대한 인식'이라는 폭넓은 의미로 쓰이게 된 것은 에드워드 사이드가 쓴 『오리엔탈리즘』이 계기가 되었지요.

우스의 증언도 들으셨을 겁니다. 혹시 증인도 영화 〈300〉을 보셨습니까?

　　김딴지 변호사가 영화 〈300〉 이야기를 꺼내자, 활로우만의 얼굴이 굳어지더니 화난 목소리로 대답했다.

활로우만　　네, 봤습니다!

김딴지 변호사　　그렇다면 영화를 보신 소감이 어땠나요?

활로우만　　한마디로 말해 엄청 열 받았어요. 그때 받은 열로 지금도 머리가 뜨끈뜨끈할 정도니까요. 우리 페르시아의 후손들이 사는 이란에서는 이 영화가 상영 금지되었다고 들었습니다. 영화를 직접 보고 나니 이유를 알겠더군요. 이 영화는 오리엔탈리즘의 관점에서 페르시아 전쟁을 묘사하고 있어요. 예를 들면, 영화의 한 장면에서 레오니다스 왕은 죽어 가는 소년을 품에 안고 있는데, 그 소년은 "그들은 어둠으로부터 왔어요"라는 말을 합니다. 여기서 그들이란 바로 페르시아 인들이지요. '페르시아는 악'이라는 주관적인 생각을 너무나도 노골적으로 드러내고 있습니다. 영화에서 스파르타 인의 위대함이 강조되고 그리스 전사들의 이미지가 신성화될수록 그들의 적인 페르시아 군에 대한 야만적인 묘사는 한층 과장되고, 역사 왜곡의 수준까지 올라갑니다.

김딴지 변호사　　그 장면 외에도 영화에서 실제와 다르게 묘사한 부분이 있지 않나요?

왜 페르시아 전쟁이 일어났을까?

활로우만　물론 그뿐만이 아니지요. 영화 속 페르시아 왕의 친위대 이모탈은 괴물 집단처럼 보이고, 페르시아 군막사에는 온갖 괴상한 사람들이 득실거리잖아요. 거기에다 크세르크세스 왕은 찬란한 문명의 중심지인 페르시아 제국의 군주가 아니라 괴물 집단을 거느리는 변태처럼 그려졌고요.

또한 크세르크세스 왕이 레오니다스 왕과 담판을 지으러 가는 장면에서, 그는 수백 명의 노예가 떠받치는 단상에 올라선 모습으로 묘사되더군요. 이것은 페르시아 제국이 노예제 사회였음을 비꼬는 장면이지요.

김딴지 변호사　그렇습니다. 사실 스파르타도 헤일로타이(Heilotai)라는 노예 계급의 희생 위에 건설된 폴리스인데 영화 속에 그런 얘기는 전혀 없지요. 덧붙여 ▶피타고라스, 플라톤, 탈레스, 데모크리토스 등 그리스의 학자들이 페르시아 제국의 페르시스, 바빌론과 이집트에 유학하여 공부했다는 사실을 아는 사람은 많지 않을 것입니다. 특히 천문학, 수학, 물리학, 기하학과 신학 등의 분야에서 페르시아 학문이 그리스에 끼친 영향은 엄청났습니다. 그렇지요, 증인?

김딴지 변호사가 활로우만의 증언을 거들자 활로우만이 고개를 끄덕이며 대답했다.

헤일로타이

스파르타 인에게 정복되어 농노의 신분으로 전락한 사람들을 말합니다. 이들은 스파르타 국가 소유인데, 개개의 스파르타 인에게 배당되어 그들의 소유지를 경작하고 수확물의 반을 스파르타 인에게 바쳤지요.

교과서에는

▶ 그리스 인들은 자유롭고 독창적인 문화를 창조했는데, 이는 폴리스의 시민들이 자유롭게 활동하면서 인간과 자연을 합리적으로 생각했기 때문입니다. 역사학에 업적을 남긴 헤로도토스, 수학에 업적을 남긴 피타고라스가 모두 그리스 인입니다. 또한 플라톤은 이상 국가론을 폈고, 아리스토텔레스는 학문을 체계적으로 정리해 후세에 큰 영향을 끼쳤습니다.

활로우만 　그럼요! 나는 도대체 이 영화가 왜 이렇게까지 페르시아를 비하하고 야만적으로 묘사하는지 모르겠어요. 내가 어둠으로부터 왔나니요! 네르보빌레 선두에 궁수도 참전했던 내가 이 영화를 보고 얼마나 충격이 컸겠어요? 나는 크세르크세스 왕이 이 영화를 봤을 때 심정이 어땠을지 충분히 이해가 갑니다.

김딴지 변호사 　정말 놀랍습니다. 증인이 영화 평론에 그렇게 조예가 깊은 줄은 몰랐네요. 게다가 상당히 박식하신 것 같고, 거기에 자신의 경험을 곁들여 증언해 주시니 귀에 쏙쏙 들어오네요.

　씩씩거리고 있던 활로우만이 김딴지 변호사의 칭찬을 듣자, 곧 활짝 웃는 표정으로 바뀌었다.

활로우만 　하하하. 웬 과찬의 말씀을! 사실…… 나는 이승에 살 때 공부를 하고 싶어도 집안이 너무 가난해서 할 수가 없었어요. 그게 한이 맺혀서 이렇게 저승에 와서 대학에 입학해 공부하고 있습니다. 지금 역사공화국 하데스 대학 신문방송학과 3학년에 재학하고 있지요. 방송국에 입사하는 것이 내 목표고요.

김딴지 변호사 　네. 앞으로도 열심히 공부하시고 증인의 소망을 꼭 이루시기를 바랍니다. 판사님, 이상으로 증인 신문을 마칩니다.

활로우만 　어라? 더 질문하실 내용이 없으세요? 이거, 너무 빨리 끝나는 거 아닌가?

판사 　증인, 너무 실망하지 마세요. 피고 측 변호인의 반대 신문이

남아 있습니다. 그럼, 이대로 변호사, 반대 신문 하시기 바랍니다.

이대로 변호사   …… 없습니다.

판사   피고 측 변호인의 반대 신문이 없는 관계로 이상 증인 신문
을 마칩니다. 증인은 내려가셔도 좋습니다.

활로우만이 머리를 긁적이며 증인석에서 내려가자, 김딴지 변호
사가 변론을 시작했다

전제주의
군주나 귀족 등의 지배자가 국가의 모든 권력을 장악히여 아무런 제한 없이 마음대로 그 권력을 운용하는 정치 체제를 말합니다. 민주정, 공화정과 대비되는 개념이라고 볼 수 있지요.

김딴지 변호사　존경하는 판사님, 그리고 배심원 여러분. 페르시아 인에 대한 그리스 인의 인식, 더 나아가 오늘날 서구 사회가 가진 동양에 내한 이미지는 페르시아 인의 실제 모습을 근거로 한 것이라기보다 자기들 입맛에 맞게 사실을 왜곡한 것이었음을 알 수 있습니다. 아울러 지금까지 제시된 증거와 증인들의 진술로 보건대, 페르시아 전쟁을 다룬 영화 〈300〉은 분명한 메시지를 담고 있습니다. 그것은 자유에 대한 모든 억압을 거부해야 하며, 인간은 목숨을 바쳐 자유를 추구해야 한다는 것이지요. 감독은 그러한 주제를 표현하기 위해 멀고 먼 옛날, 테르모필레 전투에서 불과 300명의 전사가 페르시아 제국의 엄청난 군사와 맞서 싸웠던 사건을 빌려 온 것입니다. '자유는 위대하다'라는 울림이 영화 전체를 지배하고 있지요. 그런데 이 영화를 통해 관객에게 은연중에 전달되는 진짜 메시지는 따로 있습니다. 이게 문제지요.

판사　흠, 김딴지 변호사가 생각하는 영화 〈300〉의 문제란 무엇인가요?

김딴지 변호사　그리스를 침략한 페르시아를 전제주의와 노예 제도에 입각한 야만과 폭력의 세력으로 묘사해서 그러한 야만적이고 비민주적인 세력에 대응하기 위한 그리스의 폭력을 정당화한 것입니다. 영화를 본 관객의 머릿속에 남는 것은 괴상한 옷을 입고 탈을 쓴 페르시아 인들에 대한 잘못된 이미지와 스파르타 인들의 용감한 모습이 아닐까요? 그것도 자신이 영화의 주인공인 레오니다스 왕이 된 것처럼 감정 이입이 된 상태로 말이죠.

이대로 변호사　존경하는 판사님! 저도 한 말씀 드리겠습니다. 우리가 잊어서는 안 되는 것은 영화는 영화일 뿐이라는 것입니다. 관객들은 역사적 사실들을 하나씩 따져 가면서 영화를 보지 않습니다. 기본적으로 영화는 허구가 중심이 된 창작물이며, 주관적인 요소가 많이 개입된다는 것을 누구나 다 알지요. 실제로 영화 〈300〉에서처럼 괴물 같은 얼굴에 피어싱을 하고, 금으로 된 장신구를 한 사람이 실제로 있었다고 믿는 이들은 아마 없을 겁니다. 지금 원고 측 변호인은 단순히 흥행을 위해 만들어진 영화 한 편에 너무나 많은 의미를 부여하고 있습니다.

판사　테르모필레 전투와 관련하여 여러 가지 증거와 증인 채택을 통해 양측 변호인 간의 치열한 변론이 진행되었습니다. 페르시아 전쟁을 다룬 영화 〈300〉에 대한 이야기도 잘 들었고요. 배심원 여러분이 이 사건에 대한 최종 판결을 내리는 데 많은 도움이 되었으리라 생각합니다. 그럼, 피고 측 변호인, 계속해서 사건에 대한 변론을 부탁합니다.

이대로 변호사　네, 판사님. 테르모필레 전투 이후 페르시아 군은 여세를 몰아 파도처럼 북부 그리스를 휩쓸었습니다. 기원전 480년 9월, 페르시아 군은 드디어 아티카 반도를 점령하고 아테네를 약탈했습니다. 그리스 함대는 잇따른 패배 소식을 들으며 아테네와 살라미스 섬을 향해 갔습니다. 이제 함대 외에는 그리스를 구할 방법이 없음을 알게 된 테미스토클레스는 본격적으로 페르시아 함대를 유인하여 해전을 벌일 계획을 세웠지요. 그는 전투 장소를 살라미스 섬과 아티카 사이의 해협으로 결정했습니다. 그곳의 해협은 폭이 2~3km 밖에 되지 않아 페르시아의 밀집 부대를 끌어들여 싸운다면, 수적으로 부족하다 해도 그리스가 우수한 해군을 거느렸으므로 충분히 승산이 있다고 생각했기 때문입니다.

판사　살라미스라면……, 그 유명한 살라미스 해전이 벌어진 곳이군요?

이대로 변호사　그렇습니다. 본래 살라미스 섬은 바다의 신인 포세이돈이 아들을 낳은 곳으로서, 그곳을 점령한 자가 바다를 장악한다는 전설이 전해 오는 섬이었습니다. 크세르크세스 왕은 이미 육지를 거의 점령한 상태여서 해전의 필요성을 별로 느끼지 않았으나, 테미스토클레스가 그를 가만두지 않았지요. 테미스토클레스는 크세르크세스 왕에게 '그리스 군은 공포에 빠져 서둘러 달아날 생각만 하고 있다'는 거짓 정보를 흘렸지요. 함정에 빠져든 크세르크세스 왕은 그해 9월 29일, 날이 밝자 공격을 개시했습니다. 구름 떼처럼 몰려오는 페르시아 함대를 본 그리스 군사들이 동요하기 시작했으나, 테미스토클레스는 부하들에게 침착하게 전투 대형을 유지하고 끝까지 버티라고 했습니다.

김딴지 변호사　네. 지상에서는 페르시아 군에 대적할 수 없음을 안 테미스토클레스는 아테네 시민을 살라미스로 철수시키고, 바다에서의 결전을 시도합니다. 아테네가 약탈당하고, 페르세폴리스가 파괴되는 등 풍전등화(風前燈火)와 같은 위기에 처한 아테네 인들은 델포이의 아폴론 신전에 신탁(神託)을 청했습니다.

'나무 벽' 안에 피신하라는 권고를 받은 아테네 인들은 그것이 나무로 만든 배로 싸우라는 뜻인지, 아니면 아크로폴리스의 나무 울타리 안으로 피하라는 뜻인지 신속히 결정해야 했죠. 결국 그들은 배를 타고 싸우라는 뜻으로 해석했어요. 그렇게 국가의 중대한 위기 상황에서 신전의 무녀에게 신탁을 청하다니……. 여기서 우리는 그리스 인의 비합리성을 볼 수 있지요.

이대로 변호사   존경하는 판사님, 이의 있습니다. 원고 측 변호인은 저의 변론에 고의적으로 딴죽을 걸려고 판사님의 허락도 없이 끼어들고 있습니다.

판사   피고 측 변호인의 이의 신청을 받아들입니다. 김딴지 변호사, 내 허락도 없이 변론 중에 끼어드는 행위를 삼가기 바랍니다.

김딴지 변호사가 판사의 지적을 받고 빨개진 얼굴로 딴청을 피우자, 이대로 변호사는 여유 있는 표정으로 변론을 이어 나갔다.

이대로 변호사   흠흠, 계속 이야기하겠습니다. 살라미스 해전은 확실히 그리스에 유리했지요. 페르시아 함대가 좁은 해협 때문에 대형을 유지하지 못한 채 무질서하게 공격하는 데 비해, 그리스 군은 준

풍전등화
'바람 앞의 등불'이라는 뜻으로, 매우 위급한 처지를 비유하는 한자 성어입니다. 운명이 어떻게 될지 모를 정도로 매우 급박한 처지에 있음을 등잔불이나 촛불이 바람 앞에서 언제 꺼질지 모르게 껌벅거리며 나부끼는 모습에 빗대어 표현한 말이지요.

델포이의 아폴론 신전
아테네에서 그리 멀지 않은 곳에 파르나소스라는 산이 있는데요. 이 산 주변에 델포이라는 도시가 있습니다. 델포이의 아폴론 신전은 제왕들이 신의 계시를 받던 신탁의 장소였답니다. 그리스 인들은 알고 싶은 일이 있으면 언제나 신탁을 청했고, 또 신탁의 말을 굳게 믿었답니다. 사실 신탁은 명확하지 않아 사람들에게 여러 해석의 여지를 남겼습니다.

신탁
신이 사람을 매개자로 하여 그의 뜻을 나타내거나 인간의 물음에 대답하는 일입니다.

비된 장소에서 기다리고 있다가 반격을 취하는 것이 가능했기 때문이었죠. 해협이 페르시아 함대로 꽉 메워질 때까지 기다린 테미스토클레스가 일순간에 공격 명령을 내리자 곧 격렬한 전투가 벌어졌습니다. 그리스 3단 노선은 페르시아 함선의 노를 부러뜨리고 좌우 측면을 들이받는 등 기술적 이점을 유감없이 발휘했습니다. 약 여덟 시간의 전투 결과 페르시아는 200척의 함선을 격침당하고, 또 그만한 숫자의 함선이 포획되었습니다. 이에 비해 그리스는 불과 40척의 함대를 잃었을 뿐이었고요.

김딴지 변호사　판사님, 이의 있습니다! 살라미스 해전에서 그리스 함대가 승리한 데에는 다른 이유도 있습니다. 1차 그리스 원정에서처럼 페르시아 함대는 이번에도 사나운 폭풍 때문에 큰 손실을 본 상태에서 전투를 치러야 했습니다. 따라서 살라미스 해전에서 그리스가 승리한 사실에 대해서는 그리 자랑스러워할 것도 없습니다. 전투에는 운도 많이 따르는 법이니까요.

판사　이의 신청을 기각합니다. 전투의 승리는 그것이 전투력의 상대적 우위에 있었기 때문이든, 훌륭한 전략에서였든, 운이 작용한 것이었든 상관없이 결과가 중요하게 평가됩니다. 이대로 변호사, 계속 변론하세요.

이대로 변호사　네, 판사님. 멀리 언덕에서 전투를 지켜보던 크세르크세스 왕은 참담한 심정을 감출 수 없었을 것입니다. 여덟 시간에 걸친 격전 끝에 페르시아는 결국 함대 200척을 잃고, 겨우 해협을 빠져나왔기 때문이죠. 이제 크세르크세스 왕에게 남은 일은 무사히 그리스에서 철수하는 것뿐이었습니다. 따라서 이 전투는 그리스의 완벽한 승리로 끝난 것이지요.

판사　네, 잘 들었습니다. 김딴지 변호사, 무슨 할 말이 있는 표정인데요?

김딴지 변호사　존경하는 판사님, 그렇지만 크세르크세스 왕은 자신이 이 해전에서 패한 것을 그리스와의 전쟁 자체에서 패했다고 생각하지 않았습니다. 그는 자신이 신임하는 장군, 마르도니우스에게 지휘권을 넘기고 사르디스로 돌아갔지요. 당시 그리스 땅에는 마르도니우스가 지휘하는 대규모의 페르시아 군대가 남아 있었다는 사실이 중요합니다. 판사님, 살라미스 전투 이후 전개된 전쟁 상황에 대해 배심원 여러분의 이해를 돕고자, 페르시아의 장군 마르도니우스를 증인으로 부르려 합니다.

판사　네, 좋습니다. 원고 측 증인 마르도니우스는 증인석으로 나와 주시기 바랍니다.

마르도니우스가 증인석에 나와 선서를 하자, 곧바로 김딴지 변호사의 신문이 이어졌다.

김딴지 변호사　안녕하세요. 증인은 크세르크세스 왕을 도와 수많은 전쟁에서 공을 세운 페르시아의 용장으로 알고 있습니다. 크세르크세스 왕이 사르디스로 돌아갈 때, 그리스에 남은 페르시아 군의 지휘를 증인에게 맡긴 것도 다 왕의 신임이 두터웠다는 사실을 증명

하고 있고요. 증인은 살라미스 해전 이후 전쟁의 상황을 어떻게 보십니까?

마르도니우스   크세르크세스 왕께서 사르디스로 돌아간 이유는 살라미스 해전의 패배로 본국에서의 보급과 퇴각로가 끊길까 걱정되었기 때문이었지요. 하지만 왕께서는 페르시아 군의 주력 부대를 나에게 맡김으로써 그리스 군을 계속 압박하는 한편, 페르시아 해군을 새롭게 하려는 의도를 가지고 계셨습니다. 당시 나는 페르시아 군을 이끌고 그리스의 동북부 테살리아에 머물다가 아테네 부근의 플라테이아로 옮겨 왔습니다. 다음 해인 기원전 479년에 나는 아테네와 스파르타의 오랜 라이벌 관계를 이용하여 그리스 군을 갈라놓으려는 작전을 세웠지요. 결국 아테네와 그 주변을 포함한 아티카 전체를 점령하고 아테네 시를 완전히 파괴했습니다. 이로써 전쟁은 다시 페르시아의 승리로 끝날 것이라고 확신하게 되었지요. 이 보고를 받은 크세르크세스 왕은 이루 말할 수 없이 기뻐했습니다.

김딴지 변호사   그런데 그 이후에 상황이 바뀐 이유는 무엇입니까?

마르도니우스   음, 전쟁의 상황이 페르시아에 유리하게 전개되자 그때까지 펠로폰네소스 반도의 방어를 주로 해 왔던 스파르타가 수세에서 공세로 작전을 바꿨습니다. 스파르타는 중장 보병 5,000명과 경장 보병 3만 5,000명을 그리스 중부로 보냈지요. 여기에 아테네를 비롯한 각 폴리스의 병력을 합친 10만 명의 그리스 연합군이 편성되었고, 나는 플라테이아 전투에서 페르시아와 테베의 연합군을 이끌고 그들과 치열한 전투를 벌였습니다.

한참을 이야기하던 마르도니우스는 침통한 심정으로 감정을 억누르더니 말을 이었다.

마르도니우스   ……그러나 안타깝게도 그 전투에서 전쟁의 신은 그리스 군의 손을 들어 주었습니다. 어쨌든 확실한 사실은 그때까지 3차에 걸쳐 치러진 전쟁이 거기서 다 끝난 것은 아니라는 점입니다.

김딴지 변호사   네, 잘 알았습니다. 비록 증인이 이끄는 페르시아 군이 플라테이아 전투에서 패했지만, 전쟁이 여기에서 끝났다고 생각한 것은 아니라는 말씀이군요. 판사님, 이상으로 원고 측 신문을 마칩니다.

판사   네, 그럼 다음으로 피고 측 변호인, 반대 신문 하세요.

이대로 변호사   존경하는 판사님, 그리고 배심원 여러분. 말씀드렸다시피 페르시아 군은 이미 마라톤 전투에서 아테네 군에 의해 패배한 적이 있고, 이번에는 플라테이아 전투에서 확실히 패배했습니다. 증인은 "전쟁의 신이 그리스 군의 손을 들어 주었다"라고 신을 들먹이면서 자신이 전쟁에서 진 책임을 회피하려 하고 있습니다.

▶살라미스 해전에서 승리한 그리스 군은 이어 플라테이아 전투에서도 페르시아와 페르시아의 동맹국인 테베를 패배시켰고, 이와 동시에 아테네 함대를 주축으로 한 그리스 함대는 에게 해의 사모스 섬으로 진군하여 페르시아 함대를 격파했습니다. 이로써 페르시아 전쟁은 그리스의 승리로 끝을 맺었지요. 사실이 그런데도 증인은 자신의

교과서에는

▶ 페르시아 전쟁에서 그리스의 폴리스들은 아테네를 중심으로 뭉쳐 마라톤 전투와 살라미스 해전에서 대승을 거두어 그리스를 지켰습니다.

아르타크세르크세스 1세
크세르크세스 1세의 아들로 아버지를 암살한 아르타바누스에 의하여 제위에 올랐으나, 얼마 후 아르타바누스를 죽이고 이집트와 박트리아 등의 난을 다스렸습니다. 기원전 448년에는 칼리아스 협정을 성립시켜 아테네와의 화평에 힘썼지요.

패배를 감추려는 의도로, 전쟁이 끝나지 않았다고 위증하고 있습니다.

이대로 변호사의 말에 마르도니우스가 무척 억울하다는 표정으로 배심원단을 쳐다보며 말했다.

마르도니우스　현명하신 배심원 여러분! 나는 절대로 위증을 하는 것이 아닙니다. 페르시아와 그리스 사이에 벌어진 크고 작은 전투는 플라테이아 전투 이후로도 30년간이나 계속되었다고요!

김딴지 변호사　비록 아테네의 주도로 결성된 델로스 동맹으로 아나톨리아 해안의 이오니아계 도시 국가들이 페르시아의 지배로부터 벗어나려던 노력이 성공하긴 했지만요. 페르시아 전쟁이 끝난 것은 기원전 448년 아테네와 그 동맹국 및 페르시아의 왕 아르타크세르크세스 1세 사이에 맺어진 협정 때문입니다. 본 변호인은 전쟁의 끝을 기원전 386년 아르타크세르크세스 2세 사이에 맺어진 '대왕의 평화 조약(안탈키다스의 조약)' 이후로 보는 것이 타당하다고 생각합니다. 하지만 어쨌든 이 협정은 일방적인 항복 협정이 아니라 평화 협정이었다는 점을 잊지 말아 주시기 바랍니다.

이대로 변호사　김딴지 변호사, 자꾸 우기지 마세요! 3차 페르시아 전쟁은 기원전 479년, 그리스의 승리로 끝을 맺었습니다. 물론 그리스는 살라미스 해전 이후에도 페르시아와 몇 번 싸우긴 했지만, 페르시아 전쟁은 사실상 3차 전쟁에서 끝났던 것입니다. 이상으로 반

　왜 페르시아 전쟁이 일어났을까?

대 신문을 마칩니다.

판사   네, 오늘은 페르시아 전쟁이 일어나게 된 책임이 어디에 있는지, 전쟁은 어떤 양상으로 전개되었는지, 테르모필레 전투와 관련하여 최근 할리우드에서 만들어진 영화 〈300〉이 단순한 오락영화인가, 아니면 역사적 사실을 심각하게 왜곡한 영화인가 등에 대해 치열한 법정 공방이 오갔습니다. 다음 3차 재판에서는 페르시아 전쟁의 결과에 대한 원고 측과 피고 측의 주장을 들어보겠습니다. 그럼, 오늘 재판은 이것으로 마치겠습니다.

　땅, 땅, 땅!

이모탈(Immortal)

페르시아 제국은 '이모탈'이라는 왕의 친위 부대를 운영했는데, 그리스의
역사가 헤로도토스는 『역사』에서 이모탈의 규모를 1만 명이라고 기술하고 있
습니다. 이모탈은 기원전 547년에 있었던 페르시아 제국의 신바빌로니아 원
정과 기원전 525년의 이집트 원정에도 참가했습니다. 특히 기원전 490년 마
라톤 전투와 기원전 480년 테르모필레 전투에서 활약했지요. 이모탈은 테르
모필레 전투에서 스파르타 군에 의해 큰 타격을 입었으며, 기원전 333년에
치러진 이수스 전투에서 마케도니아 제국의 알렉산드로스 대왕에게 패배하며
역사 속으로 사라졌습니다.

영화 속 이모탈

당시 페르시아 병사의 모습

왜 페르시아 전쟁이 일어났을까?

다알지 기자

　　시청자 여러분, 안녕하세요? 역사공화국 법
정 뉴스의 다알지 기자입니다. 오늘 있었던 크세
르크세스 대 레오니다스 재판, 그 두 번째 심리에서는
페르시아 전쟁이 일어나게 된 책임이 어디에 있는지, 그리고 전쟁은
어떤 양상으로 전개되었는지에 대한 치열한 법정 공방이 있었습니다.
특히 테르모필레 전투를 소재로 한 영화 〈300〉에 대한 오해와 진실을
밝히는 대목은 많은 이들의 관심을 불러일으켰습니다.

　　여기서 잠깐, 기원전 507년 당시 아테네 외교 사절의 일원으로 페르
시아의 사르디스를 방문했던 막시무스 알리미우스를 모시고, 몇 가지
질문을 드려 보겠습니다. 안녕하세요? 사르디스에서 페르시아와 동맹
을 맺고 돌아온 뒤, 아테네의 민회에서 사절단의 외교 행위에 대해 엄
청난 비난을 받으셨는데요, 이에 대해 어떻게 생각하시나요?

알리미우스

　우리 사절단은 민회에서 그렇게 심하게 비난받을
줄 몰랐어요. 클레이스테네스는 라이벌이던 이사고라
스와 그를 편들어 주던 스파르타의 클레오메네스 왕의 위협
에 대응하기 위해 페르시아와의 동맹에 기대하고 있었지요. 우리는 사
르디스에서 지방 총독을 만나 '흙과 물'을 바친다는 서약을 하고 동맹
을 맺었습니다. 사실 뭐, 외교적 형식에 불과한 '흙과 물'을 주는 것이
뭐 그리 중요한 일이겠느냐는 것이 우리 사절단의 판단이었죠.

다알지 기자

　그때 함께 사르디스로 갔던 외교 사절 일행 중 비
토 안티프라미우스라는 사람은 "우리에게는 페르시
아의 요구를 들어줄 수 있는 권한이 없다. 다시 아테네
로 돌아가 '흙과 물'을 요구하는 페르시아의 제의를 받아들여야 할지
를 민회에 보고해야 한다"고 주장하지 않았던가요? 이런 의견을 낸 사
람이 많지 않았기 때문에 무시하고 페르시아 측의 제의를 그냥 받아들
인 건가요?

알리미우스

뭐, 나는 그때 일로 사람들이 다수에 따르는 것은 다수가 항상 옳기 때문이 아니라 다수가 힘이 있기 때문이라는 사실을 뼈저리게 느꼈습니다. '흙과 물'의 요구를 받아들이는 것이 아테네의 열등한 지위를 인정하는 것이라는 건 알았지만, 우리는 빈손으로 돌아갈 수 없었어요. 그리고 그러한 페르시아의 요구는 그저 형식적이고 상징적인 의미만 있는 것으로 생각했지요. 어쨌든 아테네 민회도 처음에는 기자 양반과 마찬가지로 그러한 상징적인 복종을 못마땅하게 여겼지만, 그렇다고 페르시아 측에 동맹을 해지한다는 그 어떤 통보도 하지 않았습니다.

다알지 기자

동맹을 해지한다는 통보를 하지 않았으니, 페르시아는 동맹 관계가 계속되는 것으로 알았겠네요? 아테네가 제 발로 페르시아를 찾아가 동맹을 요청했고, 그래서 아테네는 페르시아 왕에게 복종해야 한다고 생각했을 거예요. 아무튼 말씀 감사합니다. 시청자 여러분의 궁금증이 조금이라도 풀렸기를 기대하며, 세계사법정에서 법정 뉴스 다알지 기자였습니다.

페르세폴리스의 화려한 유물

　페르시아의 수도의 궁전이었던 페르세폴리스는 웅장함과 함께 화려함으로 잘 알려져 있어요. 그곳의 화려함을 돋보이게 하는 것은 웅장한 건축물과 함께 많은 양의 황금 유물이 있었기 때문이지요. 페르시아의 자랑인 황금 유물을 비롯하여 여러 가지 아름다운 유물들을 만나 볼까요?

황금 팔찌

　페르시아의 황금 유물 중에는 동물 모양이 조각되거나 장식되어 있는 것이 많아요. 특히 신화에 등장하는 그리핀과 같은 신비한 새나 동물 모양을 장식한 경우가 많답니다. 사진 속 유물은 장신구 중 팔찌로 정교하게 조각된 동물의 모습이 인상적이지요.

군인 조각

페르세폴리스에는 여러 개의 방이 있었는데, 사신들을 맞이하는 접견실인 아파다나에는 여러 조각이 새겨져 있어요. 그림 속 유물도 그중 하나인데, 군인의 모습을 본뜬 조각으로 보여집니다. 당시 군인들이 어떤 모습이었는지 짐작할 수 있지요.

사자 장식

페르시아 사람들은 동물 장식을 좋아했는데, 특히 사자 장식이 눈에 띕니다. 잔의 안쪽을 사자 모양으로 두들겨 볼록 튀어나오게 무늬를 만들기도 하고, 사자 모양의 조각상을 만들기도 했지요. 사진 속 유물은 다리우스 왕의 궁전에 있는 사자 장식이랍니다. 용맹한 모습이 정교하게 조각되어 있어요.

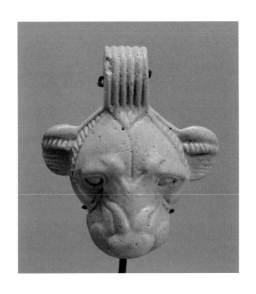

암사자 팬던트

보석 등을 가운데 달아 가슴에 늘어뜨리는 목걸이 형태의 장신구를 팬던트라고 하는데, 사진 속 유물 역시 팬던트의 일종이에요. 그런데 이 유물은 암사자의 모습을 하고 있다는 것이 특징적이지요. 콧등의 주름과 미간의 주름까지 정교하게 묘사한 형태로 위쪽에는 줄을 걸 수 있도록 만들어져 있답니다.

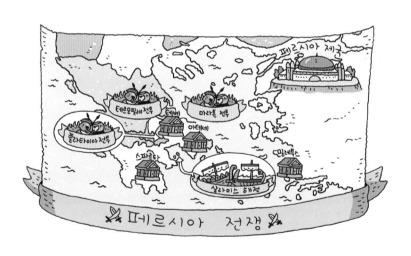

페르시아 전쟁의
역사적 의의는 무엇일까?

1. 페르시아 전쟁 이후 역사는 어떻게 전개되었을까?

1

페르시아 전쟁 이후 역사는
어떻게 전개되었을까?

"오늘이 재판 마지막 날이지? 과연 누가 이길까?"

"글쎄, 그걸 누가 알겠나? 일은 닥쳐 봐야 알고, 사람은 겪어 봐야 안다는 속담도 있잖은가."

"나는 레오니다스 왕이 이겼으면 좋겠어. 그 준수한 용모에⋯⋯ 말솜씨도 훌륭하고, 싸움도 짱이고⋯⋯."

방청석을 가득 메운 사람들은 과연 이 사건에서 누가 이길지에 대해 갑론을박하느라 판사가 법정에 입정하는 것도 모르고 있었다. 법정 경위의 말이 울려 퍼진 뒤에야 방청석이 조용해졌다.

판사　오늘은 '크세르크세스 대 레오니다스 재판'에 대한 마지막 심리가 있는 날입니다. 그럼, 변론을 신청한 피고 측에서 말씀을 시작하도록 하지요.

이대로 변호사   감사합니다, 판사님. 오늘은 페르시아 전쟁의 역사적 의의가 무엇이었는가, 그리고 전쟁 이후 페르시아 제국과 그리스 세계는 각각 어떠한 변화를 경험하게 되었는가를 집중적으로 밝히고자 합니다. 먼저 페르시아 전쟁에 어떠한 역사적 의의가 있는지 살펴보기 위하여 '역사학의 아버지'라고 불리는 헤로도토스를 증인으로 불러 주시기 바랍니다.

"그 유명한 『역사』라는 저서를 남긴 그리스의 역사가 헤로도토스가 증인으로 나온다고? 이건, 사건이야, 사건!"

"아니, 얼마 전 열렸던 재판에서 이집트 쿠푸 왕이 헤로도토스에게 소송을 걸었다는 소식도 못 들었나? 그 재판에서 피고로도 나왔는데 증인으로 나오지 못할 건 또 뭔가? 그건 그렇고 재판이 힘들었는지 헤로도토스 얼굴이 영 까칠해 보이는구먼, 쯧쯧."

페르시아 전쟁을 직접 기록한 고대 그리스의 역사가 헤로도토스의 등장에 방청객들은 몹시 놀란 듯 웅성거렸다.

헤로도토스가 피로한 표정으로 선서를 마치고 증인석에 앉았는데도 방청석의 소란은 잦아들지 않았다. 판사는 쥐고 있던 법봉을 두드렸다.

판사   조용, 조용! 피고 측 변호인, 증인 신문을 시작하세요.

이대로 변호사   예, 판사님. 증인은 로마의 정치가이자 변호사로 이

키케로

고대 로마의 문인이자 철학자, 변호사, 정치가로 이름을 떨친 그는 카이사르와 반목하게 된 일을 계기로, 정치 일선에서 물러나 집필에 힘을 쏟았습니다. 그런데 카이사르가 암살된 뒤에도 안토니우스를 탄핵해, 그의 원한을 샀어요. 그래서 결국 안토니우스의 부하에게 암살되고 말았습니다. 유명한 저서로 『카틸리나 탄핵』, 『국가론』, 『우정에 관하여』 등이 있답니다.

름을 떨쳤던 키케로(Cicero)로부터 '역사의 아버지'라고 불렸을 정도로 유명한 역사학자입니다. 오늘날에도 증인의 저서인 『역사』는 역사학을 연구하는 학자뿐만 아니라 일반인이 읽어야 할 필독서로 꼽히고 있지요. 헤로도토스를 증인으로 채택한 이유는 페르시아 전쟁의 역사적 의의를 그의 입으로 직접 듣기 위해서입니다.

증인은 아직 증인을 잘 모르는 사람들을 위해 간단한 자기소개와 아울러 페르시아 전쟁에 어떤 역사적 의미를 부여할 수 있는지 말씀해 주시기 바랍니다.

헤로도토스　　그럼, 먼저 내 소개부터 하겠소. 나는 기원전 484년, 소아시아의 할리카르나소스에서 태어났소. 나의 가까운 친척인 시인 파니아시스가 참주 리그다미스 2세에게 죽임을 당하고 나서, 우리 가족은 사모스 섬으로 이사를 해야 했소. 그 이후 기원전 445년 무렵부터는 아테네에서 살았소. 당시 아테네는 최고 전성기였는데, 거기서 페리클레스(Pericles), 소포클레스(Sophocles) 등과 친해졌지요. 사람들은 나의 시 낭독을 좋아해서 큰 인기를 얻었고, 아테네 시로부터 많은 돈을 받고 행사에 참여한 적도 있소.

그 후 기원전 444년부터 아테네가 남이탈리아에 건설한 식민 도시인 무리오이에서 살다가, 결국 거기서 여생을 마쳤소. 별로 특별할 것이 없는 인생이지요. 그런데 사람들은 내가 취미 삼아 여행하면서 쓴 이야기 책을 상당히 높이 평가하더군요. 나는 그저 세상 돌아가는 이야기, 미지의 세계에 대한 정보, 여행하면서 사람들과 나

눈 대화를 정리한 글 등을 토대로 책 한 권을 썼을 뿐인데…….

이대로 변호사　　말씀은 잘 들었습니다만……, 증인께서 『역사』를 쓰게 된 직접적인 동기는 무엇이었는지요? 그것이 알고 싶네요.

헤로도토스　　뭐, 그것도 그리 특별할 것은 없소. 지금 재판의 주제인 페르시아 전쟁 이후 기원전 431년, 아테네를 중심으로 결성된 델로스 동맹과 스파르타를 중심으로 한 펠로폰네소스 동맹 사이에 전쟁이 터져, 그리스 세계가 둘로 나뉘게 되었지요. 처절한 전투가 계속되자 나는 생각에 잠기게 되었소. 불과 수십 년 전까지만 해도 페르시아에 대항하여 그리스 인의 자유와 민주주의를 위해 싸웠던 이들이 이제는 서로에게 칼을 겨누게 되었으니……. 그래서 나는 그 후 몇 년 동안 틀어박혀 『역사』를 쓰는 데 매달렸지요.

이대로 변호사　　그럼 증인께서 이 책에서 내린 결론이랄까요? 그런 것을 좀 말씀해 주시겠습니까?

헤로도토스　　우선, 나는 당시 그리스 원정을 감행했던 다리우스와 크세르크세스를 위대한 페르시아의 왕이라고 평가합니다. 그들의 제국은 찬란한 문화를 꽃피웠지요. 그러나 그들의 자신감과 긍지는 그리스 원정을 계획하고 추진하는 과정에서 오만으로 바뀌었고, 신의 벌을 받아 결국 전쟁에서 패한 것이오. 그리스 인들은 자신들의 생명과 재산, 자유와 민주주의를 지키기 위해, 전제적 동방 군주가 절대 권력을 행사하는 페르시아에 맞서 모든 것을 걸고 싸웠소. 나는 테르모필레 전투에서 조국을 지키려고 장렬히 싸우다 전사한 레오니다스 왕과 300명의 스파르타 병사들을 잊지 못할 것이오. 그들의 숭고한 죽음은 전설이 되었지요. 이후 오랜 세월의 흐름 속에 살아 숨 쉬는 역사가 되어 서양인들의 생각과 마음에 영향을 미쳤다고나 할까? 그래서 〈300〉이라는 영화도 만들어졌을 것이고…….

이대로 변호사　네, 감사합니다. 페르시아 전쟁사를 직접 쓴 증인의 증언에서도 알 수 있듯이 3차에 걸쳐 계속되었던 페르시아 전쟁은 페르시아의 패배로 끝났습니다. 소아시아 연안의 그리스 도시들도 페르시아의 지배에서 벗어났으며, 아테네를 비롯한 그리스 세계는 페르시아의 도전을 좌절시킴으로써 지중해 지배권을 더욱 확고히 할 수 있었습니다. 그것은 바로 그리스 세계의 발전을 기약하는 것이었지요. 아테네의 민주 정치를 찬란하게 꽃피웠던 페리클레스 시대가 온 것도 바로 전쟁 이후의 일이었고요. 증인, 오늘 법정에 출석해 주셔서 감사합니다. 이상 증인 신문을 마칩니다.

　　"헤로도토스, 헤로도토스, 역사학의 아버지 헤로도토스! 자랑스러운 그리스 인 헤로도토스!"

　　방청석에 자리해 있던 그리스 인들이 헤로도토스를 향해 '역사의 아버지, 우리의 자랑!'이라는 구호를 외치기 시작했다. 그러자 방청석의 다른 한편을 차지하고 있던 몇몇 페르시아 인들이 "우— 우— 헤로도토스, 역사를 왜곡한 자여! 집에 가! 집에 가!"라고 외치며 맞불을 놓았다. 방청석 분위기는 양측이 금방이라도 주먹다짐을 벌일 것처럼 험악하게 바뀌었다. 깜짝 놀란 판사는 법정 경위에게 명령하여 구호를 외친 몇몇 사람들을 법정 밖으로 퇴장시켰다.

판사 후유, 이제야 좀 조용해졌군요. 그럼 다음으로 원고 측 변호인의 반대 신문이 있겠습니다.

김딴지 변호사가 고개를 끄덕이며 단호한 어조로 말했다.

김딴지 변호사 존경하는 판사님! 증인은 이미 자신의 책에서 '페르시아의 전제주의에 대한 그리스의 자유와 민주주의의 승리'라고 전쟁의 성격을 규정하고 있습니다. 오늘 증언을 들어 보니 그사이에 생각이 바뀐 것 같지도 않습니다. 따라서 저는 증인에 대한 반대 신문은 하지 않겠습니다.

판사 알았습니다. 증인은 자리에서 내려가셔도 좋습니다. 그럼 여기에서 배심원 여러분의 이해를 돕기 위해, 페르시아 전쟁 이후 역사가 어떻게 전개되었는지 양측 변호인의 설명을 좀 더 들어 보도록 하겠습니다. 먼저 원고 측 변호인부터 변론하세요.

김딴지 변호사 먼저 이 점 한 가지는 짚고 넘어가야겠습니다. 즉, 전쟁이 페르시아의 패배로 끝났다는 것은 정확한 표현이 아닙니다. 3차 페르시아 전쟁 이후에도 페르시아와 그리스는 30년 정도 적대 관계를 유지하면서 크고 작은 무력 충돌을 벌였습니다. 그러다 크세르크세스 왕을 계승한 아르타크세르크세스 1세는 전쟁을 완전히 끝내기 위해 그리스 측과 협상하게 됩니다. 여기서 우리가 주목해야 할 것은 양측이 맺은 평화 협상은 양측의 전쟁 상태를 끝낸다는 것이 핵심이지, 페르시아가 그리스에 항복하는 협상이 아니라는 점입니다. 사실은 그 반대였지요.

크세르크세스에 의한 제3차 그리스 원정 이후 아테네의 국가 재 선 사업의 첫 번째 과제는 페르시아의 침입을 두 번 다시 당하지 않 도록 방어책을 강구하는 것이었으며, 이는 아테네의 성채화로 나타 났습니다. 이러한 아테네의 노력은 페르시아와의 전쟁이 아직 끝 나지 않았다는 사실을 반증한 것이죠. 실제로 페리클레스는 기원전 449년 이집트가 페르시아에 반란을 일으키자 이집트를 도와 원정군 을 파견했습니다. 그럼에도 결국 패한 아테네는 페르시아와 칼리아 스 조약을 체결했습니다. 이 조약은 '아테네는 다시 페르시아의 영 토를 공격하지 않을 것이며, 페르시아 군은 에게 해에 진입하지 않 을 것'임을 명시하고 있습니다.

그리스 측에 더욱 불리하고 굴욕적인 조약은 펠로폰네소스 전쟁 시기에 체결되었습니다. 당시 아테네의 세력은 크게 약화되었으며, 페르시아는 이오니아의 그리스 식민시들에 대한 주도권을 회복하고 공물과 세금을 징수하기 시작했지요. 스파르타는 전쟁의 최종적 승 리를 위해 페르시아와 동맹을 맺고 이오니아를 포기했습니다. 기원 전 386년, 코린트 전쟁이 종결된 이후 페르시아로부터 그리스 폴리 스의 사절들이 사르디스에 소집되어 '대왕(아르타크세르크세스 2세)의 평화 조약(안탈키다스의 조약)'을 강요받았습니다. 조약의 내용은 '키 프로스를 포함하여 소아시아를 페르시아에 귀속시키며, 그리스의 모든 도시는 자치 독립을 해야 한다'는 것이었지요.

이로써 이오니아의 그리스 식민시들은 다시 페르시아의 지배를

받게 되었으며, 스파르타는 폴리스들이 합병하여 강력한 국가로 발전하는 것을 감시하는 조약 실행의 감시자로 전락했습니다. 이 조약에는 '이 평화 조약을 승인하지 않으려는 자에 대해 짐(대왕)은 육지로, 바다로, 함선과 돈을 가지고 싸울 것'이라는 단서가 붙어 있었는데, 이는 조약이라기보다는 페르시아 왕의 명령에 더 가까웠습니다. 크세노폰의 『헬레니카』에도 본문이 수록된 이 조약은 그리스 역사상 가장 굴욕적인 것이었습니다.

아울러 페르시아 전쟁의 종결 시점 또한 제3차 페르시아 전쟁 이후에도 그리스 세계와 페르시아의 적대 관계와 군사적 충돌이 계속되었다는 점을 고려해, 기원전 386년에 체결된 '대왕의 평화 조약'까지로 보는 것이 타당합니다.

판사   그럼, 이번에는 피고 측에서 변론해 주세요.

이대로 변호사   페르시아 전쟁은 동방의 대제국 페르시아에 맞서 그리스 인들이 자유와 독립을 위해 싸운 것입니다. 그리스 세계가 페르시아에 대항해 싸우는 과정에서 폴리스들은 자신들이 같은 그리스 민족이라는 사실을 깨닫는 동시에 자유를 추구하게 되었습니다. 즉, ▶페르시아 전쟁의 승리로 그리스의 자유가 지켜진 동시에 아테네가 번영하게 되었으며, 그리스 문화를 기반으로 하는 서양 문명이 발전하기 시작한 것이지요. 그리스가 페르시아의 오리엔트 전제 정치로부터 폴리스의 자유와 그 문화를 지켜 냈을 뿐 아니라, 이후 지중해의 주도권을 장악하면서 유럽 문명의 본질

교과서에는

▶ 페르시아 전쟁 후 아테네는 페리클레스의 지도 아래 황금시대를 맞이했습니다. 밖으로는 델로스 동맹의 맹주로서 강력한 해상 제국으로 발전했으며, 안으로는 수병으로 전쟁에 참가한 하층민들의 발언권이 커지고 공무 수행에 수당제가 도입되면서 민주 정치가 발전했습니다.

을 결정짓게 했던 점에서 세계사적 의의가 있다고 할 수 있습니다. 이상입니다.

판사　오늘은 원고와 피고 양측 변호인들이 헤로도토스를 증인으로 불러내, 페르시아 전쟁의 역사적 의의에 대해 팽팽한 설전을 벌였습니다. 이를 통해 양측의 견해 차이를 분명하게 알 수 있었습니다. 그럼 잠시 휴정하고 나서, 마지막으로 원고와 피고의 최후 진술을 듣도록 하겠습니다.

　땅, 땅, 땅!

다알지 기자

시청자 여러분, 법정 뉴스의 다알지 기자입니다. 크세르크세스 대 레오니다스의 세 번째 재판이 끝나고 이제 양측의 최후 진술만 남겨 놓은 상황입니다. 마지막 재판인 만큼 오늘 법정 분위기가 한층 뜨거웠는데요. 『역사』라는 저서로 세계적으로 유명한 헤로도토스가 증인으로 나와 페르시아 전쟁의 역사적 의의를 살펴보았고, 페르시아 전쟁 이후의 양상에 대해서는 양측 변호인들의 열띤 변론이 있었습니다.

오늘 인터뷰는 아테네의 민주 정치를 완성했으며, 그리스 문화를 찬란하게 꽃피웠다고 평가되는 페리클레스를 모시고 진행하겠습니다. 페리클레스는 아테네의 집정관(Consul)으로, 1년에 한 번씩 선출하는 국가 최고 관직에 30년 이상 계속 당선되었습니다. 그래서 장기적인 정책을 펼칠 수 있었지요. 당신은 명문가의 귀족으로 태어났음에도 평민들에게까지 민주주의를 확대시키는 일에 헌신하셨습니다. 그 이유는 무엇이고, 구체적인 정책은 어떤 것들이 있었나요?

페리클레스

　안녕하세요. 페리클레스입니다. 말씀하신 것처럼 나는 부자로 태어났지만, 시대의 추세가 평민의 정치적 권리를 확대하는 방향으로 나아가고 있다는 점을 분명히 알고 있었소. 따라서 가난한 평민에게까지 민주주의를 확대시키고 입법, 국방, 치안의 기능을 강화하는 일은 물론, 문화 및 사회 복지가 이루어질 수 있도록 모든 노력을 쏟았다오.

　나의 업적 중의 하나는 법관과 군인 등 공적인 일에 봉사한 사람들에게 보수를 지급하는 공직 수당제를 시행한 것이었소. 덕분에 가난한 사람들도 공직에 종사할 길이 열리게 되었지요. 그리고 연극 관람료와 체육 경기 입장료를 부담할 수 있도록 모든 시민에게 매년 얼마간의 돈을 줌으로써 예술을 장려하고자 했소. 아테네 거리에는 아름다운 조각이 장식되었고, 웅대한 신전과 극장 등이 세워졌지요. 파르테논 신전도 이 시기에 세워진 것이오. 국가적 행사인 디오니소스 제전 때에는 연극을 상연하는 등 시민 생활에 활기가 넘쳤소. 문학과 학문도 크게 발달하여 많은 시인과 학자가 쏟아져 나왔지요. 또한 아테네를 보호하기 위해 요새를 세우고, 전쟁이 일어날 때를 대비해 배를 만들고 창고를 지었소.

그뿐만이 아닙니다. 18세 이상의 모든 남자 시민에게 참정권을 부여했고, 그들이 직접 참가하는 민회가 국가의 최고 의결 기관이 되도록 했소. 국가 공무원이나 재판관도 희망자 중에서 추첨으로 뽑았지요. 이처럼 아테네의 민주 정치는 입법, 행정, 사법 등 모든 부분에 걸쳐 시민이면 누구나 참여할 수 있도록 문을 활짝 열어 두었소. 즉, 지금과 같은 간접 민주 정치가 아니라 직접 민주 정치였던 것이오.

다알지 기자

그런데 어떻게 돈이 많이 드는 그런 사업들을 할 수 있었나요? 제가 알기로 이러한 광범위한 공공사업의 대부분이 델로스 동맹에 참가한 도시 국가에서 강제로 걷은 돈으로 이루어졌다던데요? 그리고 당시 민주주의가 황금기를 맞이하긴 했지만, 여자와 노예는 정치에 참여할 수 있는 권리인 참정권이 없었지요? 그래서 실제 직접 민주 정치에 참여할 수 있는 사람의 수는 극히 적었다고 하던데요?

페리클레스

……기자 양반, 역사적 해석은 오늘날의 시각이 아 닌 그 당시의 시대적 상황을 고려해야 하는 법이오. 나 는 이만 가 보겠소!

다알지 기자

아, 아니 그냥 가시면……. 마지막으로 이번 재판에서 누가 승소할 것이라 생각하는지 여쭤 보려고 했는데……. 지 금까지 세계사법정에서 다알지 기자였습니다.

페르시아의 역사를
왜곡하지 마시오
vs
페르시아의 역사가 왜곡된 것은
나의 탓이 아니오

판사　그럼, 지금부터 양측의 최후 진술을 듣겠습니다. 양측 변호인의 사전 협의에 따라 원고와 피고가 직접 하기로 하겠습니다. 먼저 원고부터 시작하겠습니다. 원고, 진술해 주시기 바랍니다.

크세르크세스　내가 스파르타의 왕 레오니다스에게 소송을 걸게 된 이유는 의도적이든 그렇지 않든, 실제 있었던 역사적 사실이 심각할 정도로 왜곡되어 사람들에게 영향을 끼치고 있는 데다, 시간이 갈수록 더 널리 퍼지기 때문이오. 정말 영화 〈300〉이 보여 주는 것처럼 페르시아는 야만 세력이고, 스파르타는 자유 국가였을까요? 페르시아 제국보다 스파르타가 더 자유와 인권을 누렸다는 게 당연한 듯 받아들여지고 있지만 그건 사실이 아니오. 영화 속 시점인, 기원전 6세기에서 기원전 5세기경의 페르시아는 이집트에서 아라비아 반도를 거쳐, 현재의 우크라이나까지를 포함한 세계 최초의 대제국이었소. 이러한 대제국을 유지한 페르시아는 다양한 민족과 언어, 종교를 인정하는 선진화된 문명국이었지요.

반면, 스파르타는 몇몇 귀족이 권력을 독차지한 과두제를 시행했고, 먹고살기 위해 필요한 일들, 즉 나라의 경제를 노예들에게 의존한 채 시민 계급은 마치 군인처럼 생활했던 군국주의 사회였소. 그러나 영화는 이러한 페르시아와 그리스의 문화, 관습을 고려했을 때 절대 일어날 수 없는 상황들을 연출했지요.

재판 첫째 날 말했듯이 페르시아의 위대한 키루스 대왕은 인간의 권리를 인정하는 최초의 헌장을 문서화했습니다. 그 문서에 보면 노예제 폐지, 직업 선택의 자유, 종교에 대한 관용 등이 나타나 있소. 여성이 원로원에 출입하는 것을 금지했고, 태어난 기형아는 죽였으며, 국가의 안보를 위한다는 말로 군대나 마찬가지로 자유를 억압하던 영화 속 스파르타의 모습과는 상당히 대조적이지요.

도대체 야만과 문명의 기준이 무엇이오? 그 안에 들어 있는 내용이 어떻든 간에 서구적, 그리스적인 것은 무조건 문명적이고, 오리엔트적인 것은 무조건 야만적이라는 말이오? 영화 〈300〉이 나를 수염도 없고, 금붙이를 칭칭 감은 괴물로 묘사한 것도, 이대로 변호사의 말처럼 영화니까 그럴 수 있다 치고 그냥 넘어갈 수 있었소. 그러나 페르시아 전쟁의 역사를 왜곡하는 것만큼은 참을 수 없었소!

나는 아직도 동의하지 않지만, 서구인들은 페르시아 전쟁을 그리스의 승리로 보는 것 같소. 하지만 아시아와 서양의 대결에서 서양의 승리로 평가하는 것은 지극히 서구 중심적인 태도라고 생각하오. 고대 그리스에서는 유럽이라는 개념이 아직 없었고, 더욱이 유럽과 아시아의 대립 구도에 대한 발상도 생겨나지 않았던 때였소. 고대 그리스 문명은 유럽의 문명이 아니었고, 지중해의 문명이었다는 말이오. 고대 지중해는 오늘날의 유럽, 아시아, 아프리카가 함께 공유하던 삶의 터전이듯이 유럽만의 바다가 아니었소.

내가 마지막으로 하고 싶은 말은 '비역사적 잣대로 역사적 사실을 재단해서는 안 된다'라는 것이오. 그리고 레오니다스 왕에게도 고마움을 표하고자 하오. 재판은 원고만 있어서는 성립될 수 없고 피고도 있어야 하는데, 흔쾌히 피고의 입장을 받아들여 주었기 때문이오.

판사　음…… 잘 들었습니다. 그럼, 다음으로 이번 사건의 피고인 레오니다스의 최후 진술을 듣겠습니다.

레오니다스　크세르크세스 왕이 나에게 소송을 걸었다는 말을 들었을 때, 나는 한마디로 매우 황당했소. 하지만 이대로 변호사로부터 이 재판을 하게 된 경위에 대해 설명을 듣고 응하기로 마음먹었지요. 그리고 크세르크세스 왕을 열 받게 한, 영화 〈300〉도 구해서 보았소. 일단 그 영화를 봐야 서로 얘기가 될 수 있을 테니까. 그리고 영화를 보고 나서 나도 크세르크세스 왕의 심정을 조금은 이해하게 되었소. 아무리 만화를 소재로 영화를 만들었다고는 하지만, 그 영화는 넘지 말아야 할 선을 넘고 말았다는 인상을 받았기 때문이오.

어쨌든 전쟁은 일어났고, 나는 사랑하는 가족과 조국, 그리고 그리스 세계 전체의 자유를 지키기 위해 싸웠소. 그리스 인이 전쟁에

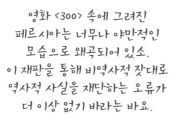

서 승리하여 국가의 주권과 개개인의 생명 및 재산을 지켰으니, 우리에게는 이 전쟁이 자유를 위한 전쟁이었다고 할 수 있지요.

그런데 전쟁에 대한 이러한 평가는 페르시아 인에 대한 부정적인 인식으로 연결된다는 데 문제가 있소. 페르시아는 전제 정치를 펼치고, 구성원은 왕이라는 한 명의 지배자에게 속한 존재로서 노예처럼 지낸다는 것이지요. 이런 차별 의식은 아테네 민주정과 연관되어 더욱 정당화되었소. 그러나 아테네의 민주 정치는 그리스에서도 특별한 사례였으므로, 아테네의 경우를 근거로 그리스의 자유정신을 설명할 수는 없소. 더욱이 페르시아의 정치 제도가 명백하게 전제적이었다는 근거를 제시하지 않는 한, 그리스와 페르시아의 싸움을 전제와 자유의 싸움으로 단순화시키기는 어렵다고 보오.

인류는 서로 다름과 차이를 인정하고, 함께 살아가려는 방법을 찾는 데 지혜를 모아야 할 것이오. 이러한 노력이 제대로 이루어지지 않는다면, 인류는 다시 한 번 페르시아 전쟁과 같은 비극을 겪게 될 것이오. 이상으로 나의 최후 진술을 마치고자 하오.

판사 이번 재판의 마지막 순서로 원고와 피고의 최후 진술을 들어 보았습니다. 최후 진술과 아울러 이번 사건에 제시된 여러 가지 증거 자료들과 증인들의 증언은 배심원단이 최종적으로 판결을 내리는 데 유용한 자료로 활용되리라고 생각합니다. 이번 재판에 함께 해 주신 배심원의 평결서는 4주 후 나에게 전달될 예정입니다. 배심원의 판결 결과는 공개되지 않으며, 법관의 판결은 배심원의 의견에 구속되지 않습니다. 즉, 배심원의 의견은 참고 사항일 뿐 법관이 이를 절대적으로 따라야 하는 것은 아닙니다. 그래서 나는 단지 배심원의 평결서를 참고하여 판결을 내리겠습니다. 그때까지 여러분도 이 사건에 대해 바른 판결을 내려 보시기를 바랍니다. 이로써 크세르크세스 대 레오니다스의 재판을 모두 마치겠습니다.

땅, 땅, 땅!

역사공화국 세계사법정 재판 번호 03 크세르크세스 VS 레오니다스

주문

역사공화국 세계사법정은 페르시아의 왕 크세르크세스가 스파르타의 왕 레오니다스를 상대로 제기한 정신적 손해 배상 청구를 기각한다.

판결 이유

소송 청구인 크세르크세스 왕은 서구 중심적인 역사 서술과 그로 인한 페르시아에 대한 부정적인 인식을 바로잡고자 이번 소송을 제기했지만, 레오니다스 왕 개인에게만 이에 대한 모든 책임을 물을 수 없다. 물론 고대 그리스의 문헌에서도 타민족과 문화에 대한 우월주의나 배타성이 보이기는 하지만, 고대 그리스 문명을 서양 문명의 원류로 파악하고 서구 중심주의적 역사 인식을 체계화한 것은 서양 근대 사학이 성립된 이후의 일이기 때문에, 스파르타의 왕 레오니다스에 대한 명예 훼손 책임은 성립하지 않는다.

그러나 지금까지 일반적으로 알려진 페르시아 전쟁에 대한 역사적 지식은 서구인들의 시각에 따라 기록된 것이다. 우리가 더욱 객관적으로 페르시아 전쟁에 대해 살펴보려면 페르시아 측의 기록도 참고해야 할 것이다.

  아울러 영화 〈300〉이 '사실(fact)에 기초한 허구(fiction)'라는 점에서 역사적 사실과 다른 장면들이 설정된 것은 이해할 만하지만, 이 영화가 비판 받아야 할 이유는 사실의 왜곡뿐만 아니라 대사와 이미지를 통해 서구 중심주의를 조장한다는 데 있다.

  서구 중심주의는 영화뿐만 아니라 우리의 일상 속에 숨은 그림 찾기—유럽의 풍경을 배경으로 한 아파트 광고, 무심히 지나치는 간판들 속의 의미 없는 영어식 표현 등—처럼 많은 것들이 내재해 있다. 우리의 일상에서 벌어지는 이러한 현상은 무엇을 말하는 것일까? 그것은 아마도 서양의 가치가 더 우월하고 세련되었다는 인식이 우리의 일상을 점령해 버렸기 때문은 아닐까? 따라서 본 법정은 이번 소송이 서구 중심주의를 극복하는 방법이 무엇인지에 대해 다시금 생각해 보는 계기가 되기를 바란다.

역사공화국 세계사법정 담당 판사 정역사

"도대체 서구 중심주의란 무엇일까?"

3차에 걸친 재판이 모두 끝나고, 김딴지 변호사는 자신의 사무실로 돌아왔다. 그는 숨을 깊게 들이마시고는 커피메이커에서 나온 커피를 잔에 따랐다. 손가락 끝에 따스한 찻잔의 온기가 느껴졌고, 진하고 고소한 커피 향이 코끝을 자극했다.

"크세르크세스 왕이 사건을 의뢰하는 전화를 건 게 엊그제 같은데, 벌써 재판이 다 끝났군! 레오니다스 왕의 최후 진술은 참 많은 것을 생각하게 했단 말이야. 페르시아 전쟁 당시 목숨을 걸고 치열하게 싸웠던 사람들은 이제 서로를 이해하는 것 같은데, 정작 당시 전쟁터에 있지도 않았던 사람들이 편견을 가지고 〈300〉과 같은 영화를 만들어 퍼뜨리고 있으니!"

김딴지 변호사는 이번 재판 때문에 참고해야 했던 자료들이 어지

럽게 널린 책상에서 논문 한 편을 집어 들었다. 그러고는 자신이 빨간 펜으로 밑줄 친 부분을 읽어 내려갔다.

"페르시아와 그리스의 전쟁은 거의 12년을 끌었는데도 페르시아 역사는 거의 언급되지 않았다. 반면, 당시 그리스에서는 이 전쟁에 대해 모르는 남자가 없었으며, 여인들도 전쟁 때문에 걱정이 끊이지 않았다. 전쟁이 끝나고도 20여 년 이상을 그랬다…….

음, 페르시아는 그리스 인에게 공포의 대상이었겠군. 당시 세계의 중심은 어디였을까? 페르시아? 아니면 그리스?"

김딴지 변호사는 책상 오른편에 놓인 지구본을 한 바퀴 휙 돌렸다.

"도대체 서구 중심주의란 무엇일까? 그것은 18세기 말 이래 유럽의 역사학자들에 의해 만들어진 서구인들의 세계관이 아닌가? 서구 중심주의가 비서구 사회에 끼친 폐해는 일상적 삶과 학문의 영역 모두에 걸쳐 매우 심각했지……. 요즘도 가끔 자신을 타자화하고 자기를 비하하는 사람들을 보면 정말 견적이 안 나온다니까."

김딴지 변호사는 긴 한숨을 내쉬며 전화기를 집어 들었다.

"아, 법정 뉴스의 다알지 기자님이십니까? 저는 김딴지 변호사라고 합니다. 이번 재판에 대해 관심을 갖고 취재하셨다고 들었는데, 제가 기자님 취재에 도움이 될 만한 자료를 좀 보내 드려도 될까요? 아, 무슨 자료냐고요? 영화 〈300〉에 대한 관객들의 반응을 인터넷에서 검색한 자료입니다. 아, 예. 예, 알았습니다. 그럼 지금 바로 팩스로 보내 드리겠습니다."

김딴지 변호사는 수화기를 내려놓고 책상 왼편에 놓인 종이를 팩스기에 집어 넣었다. 번호를 누르고 신호음이 떨어지자, 종이는 그저 무심하게 팩스기 안으로 밀려 들어갔다.

드르륵, 드르륵~.

발신자 : 김딴지 변호사

수신자 : 다알지 기자

제목 : 영화 <300>을 보고…….

ID 역사사랑   역사를 공부하는 저로서는 썩 내키지 않는 영화였습니다. 당시 페르시아 인들보다 그리스 인들이 야만인이었을지도 모릅니다. 관객들이 이 영화를 보고 왜곡된 역사의식을 가질 수도 있고요.

ID 어이없네   만화가 원작인 전쟁 영화 한 편 보면서 뭘 그렇게 따지는 건지……. 그리고 무슨 역사 왜곡? 이건 영화지 사회 교과서가 아니잖아요? <300>이 허구이며 영화인 건 누구나 아는 사실인데 그걸 굳이 따지면서 영화 볼 거면 그냥 집에서 사회 교과서나 역사책을 읽으세요.

ID 영화는영화일뿐   누가 그렇게 영화를 일일이 따지면서 보나요? 영화는 영화일 뿐이란 것을 모르는 사람도 없고……. 가볍게 넘길 수도 있는 부분도 물고 늘어지는 비평은 없어졌으면 좋겠네요. 영화가 재밌으면 됐지 영화에서 그 이상 뭘 더 찾으려 하나요? 영화에 나온 내용을 그대로 믿는 사람이 바보일 뿐이지요.

ID 정신차려   영화는 영화일 뿐이라니 뭔 헛소리입니까? 1871년, 미국이 조선을 침략한 '신미양요' 같은 사건을 미국에서 영화로 만든다고 가정해 봅시다. 조선은 미개하고 야만적인 나라로, 조선 사람들을 중국인이나 일본인처럼 묘사해 전 세계에 상영할 때도 영화는 영화일 뿐이라고 하실 겁니까?

페르시아의 흔적이 남아 있는 이란

이란 국기

페르시아의 전성기를 이끌었던 다리우스 왕은 강력한 제국에 어울리는 수도를 만들고 싶었어요. 그래서 자신의 고향인 파르스 지역으로 수도를 옮기고 페르세폴리스 궁전을 세웠지요. '페르시아 인의 도시'라는 뜻을 가진 페르세폴리스는 다리우스의 아들인 크세르크세스에 의해 완성되었답니다.

페르세폴리스는 길이가 455m, 폭이 300m에 달하는 어마어마하게 거대한 축대 위에 세워졌어요. 이 축대 위에 세워진 수많은 건물 중에는 궁전, 보물을 보관하는 창고, 사신을 접견하던 알현실 등이 있었지요. 그중에서도 가장 대표적인 것은 다리우스가 묵었던 '다리우스 궁전'이에요. '타차라'라고 부르기도 한답니다. 그리고 왕궁 가장 안쪽에 위치한 보물창고 역시 페르세폴리스의 중요한 공간이었어요. 그뿐만 아니라 알현실인 '아파다나'는 왕이 사신들을 만나는 곳으로, 세계 각국에서 온 사신들이 비단, 향료 등을 바치는 모습이 계단에 새겨져 있답니다. 이외에도 100개의 기둥으로 이루어진 궁전인 '백주 궁전'은 사신들을 환대하며 향연을 베풀었던 곳이고, 페르세폴리스에 들어가기 위한 입구였던 '만국의 문' 역시 웅장한 크기로 세워져 있었답니다.

하지만 지금은 화려하고 웅장한 페르세폴리스의 모습을 남은 흔적으로만 짐작할 수 있을 뿐이지요. 왜냐하면 기원전 334년 군대를 이끌고 페르시아로 원정을 온 마케도니아의 알렉산드로스에 의해 페르세폴리스 가 불타고 말았답니다.

이런 역사를 간직한 페르세폴리스는 지금은 이란의 남서부 지역에 있어요. 따라서 이란에 가면 페르시아 인의 도시인 페르세폴리스를 만날 수 있답니다. 이란은 아라비아 반도와 인도 대륙 사이에 있는 나라로 수도는 테헤란이에요. 페르시아 어를 사용하고 국민 대부분이 이슬람교를 믿는답니다. 이곳에 가면 페르시아의 위대한 왕이었던 키루스 2세의 무덤도 살펴볼 수 있어요. 키루스 2세의 무덤은 그의 왕궁이었던 쉬라즈 인근의 파사르가대라는 곳에 만들어져 있답니다.

찾아가기 중동, 페르시아 만 연안

페르세폴리스

키루스의 무덤

『역사공화국 세세사법정 03 왜 페르시아 선쟁이 일어났을까?』와 관련한 논술 문제를 풀어 봅시다.

※ 다음 제시문을 읽고 물음에 답하시오.

(가) 페르시아 제국의 왕 다리우스 1세는 강력한 정치력으로 대제국을 통솔했어요. 광대한 영토를 수십 개의 행정구로 구분하고 총독으로 하여금 영토를 다스리도록 했지요. 그뿐만 아니라 총독을 감시하는 통로를 두어 강력한 중앙 집권 체제를 확립했답니다.

다리우스 대왕의 궁전에 있는 날개 달린 스핑크스

(나) 다리우스 1세는 두 차례에 걸쳐 그리스 원정을 했어요. 첫 번째는 사위에게 지휘를 맡겼으나 실패했고, 두 번째는 마라톤 전투에서 결정적 패배를 맛보았답니다. 마라톤 전투에서 페르시아 군은 6,000명이 넘는 병사를 잃었지만 그리스 군은 200명이 채 안 되는 병사만을 잃었다고 전해지지요.

1. (가)~(나)는 페르시아 제국의 왕인 다리우스 1세에 대한 후세의 평가

입니다. (가)와 (나) 중 하나의 입장을 선택하여 다리우스 1세를 평가하여 쓰시오.

※ 다음 제시문을 읽고 물음에 답하시오.

(가) 페르시아 전쟁은 기원전 492년부터 448년까지 지속된 페르시아 제국의 그리스 원정 전쟁이에요.

페르시아 전쟁을 묘사한 그림

(나) 십자군 전쟁은 11세기 말에서 13세기 말 사이에 서유럽의 그리스도교도

들이 성지 팔레스티나와 예루살렘을 이슬람교도들로부터 탈환

하기 위해 벌인 전쟁이에요.

(다) 제1차 세계 대전은 1914년부터 4년간 계속되었던 세계 전쟁이에

요. 오스트리아가 세르비아에 선전 포고를 하면서 시작되었지요.

(라) 제2차 세계 대전은 1939년에서 1945년까지 계속된 큰 전쟁이

에요. 지금까지의 인류 역사에서 가장 큰 인명과 재산 피해를

낳은 전쟁이기도 하지요.

2. (가)~(라)는 인류의 역사 중 큰 전쟁들을 모아 둔 것입니다. (가)~(라)
   를 읽고 인류가 전쟁을 하는 이유에 대한 자신의 의견을 쓰시오.

해답 1 (가)는 뛰어난 행정력으로 나라를 다스렸던 나라 안에서의 다리우스 1세의 모습을 평가한 것이고, (나)는 그리스 원정에 실패한 나라 밖에서의 다리우스 1세의 모습을 평가한 것이에요. 물론 (나)에 나와 있는 것처럼 무리한 원정으로 전쟁을 일으킨 것은 잘못이에요. 하지만 나라를 다스리는 능력에 있어 탁월한 소질이 있었다는 점에서 다리우스 1세는 높이 평가받아야 합니다. 당시 가장 큰 제국을 건설하면서 그 제국을 효과적으로 다스리기 위해 그가 만든 교통로와 역전제 등의 여러 제도들은 오랫동안 여러 나라에서 통치 제도로 활용될 정도였으니까요.

해답 2 전쟁이란 둘 이상의 서로 대립하는 국가 또는 집단 간에 벌어지는 무력 행위를 말해요. 인류의 역사는 가히 '전쟁의 역사'라 부를 만큼 전쟁은 오래전부터 끊임없이 계속되어 왔지요. 생존을 위해 전쟁을 하기도 하고, 땅을 넓히기 위해 전쟁을 하기도 하고, 종교적인 신념의 문제로 전쟁을 하기도 하지요. 하지만 이런 전쟁 모두 '욕심' 때문이라고 생각합니다. 더 갖고 싶어서, 더 힘이 세 보이고 싶어서 욕심을 부리기 때문에 전쟁이 일어나는 것이고, 이러한 전쟁 때문에 많은 인류가 고통을 받아 왔고 또 고통을 받고 있는 것이지요.

* 해답은 예시로 제시된 내용입니다.

역사공화국 세계사법정 03

왜 페르시아 전쟁이 일어났을까?

ⓒ 박재영, 2010

초   판 1쇄 발행일 2010년 8월 12일
개정판 1쇄 발행일 2014년 2월 10일
        7쇄 발행일 2022년 12월 1일

지은이   박재영
그린이   조진옥
펴낸이   정은영

펴낸곳   (주)자음과모음
출판등록   2001년 11월 28일 제2001-000259호
주소   10881 경기도 파주시 회동길 325-20
전화   편집부 (02) 324-2347 경영지원부 (02) 325-6047
팩스   편집부 (02) 324-2348 경영지원부 (02) 2648-1311
이메일   jamoteen@jamobook.com

ISBN 978-89-544-2403-5 (44900)